ख्वाब हमारे

अत्रि तिवारी

मेरी माँ और
पिताजी को
समर्पित

क्रम-सूची

प्रस्तावना	ix
भूमिका	xiii
About The Author	xv
Motivation	xvii
One Line For Author	xix
First Collection	xxi

1. तुम्हारी जुल्फों में... मैं वो फूल लगाना चाहता हूँ...
2. लंबी उम्र दे ऐ ख़ुदा मेरी माँ को
3. मां
4. मां...
5. पापा
6. पिता कौन है?
7. वही तो पापा होते हैं...
8. भाई! इस बार तुम आ जाना...
9. बेटी
10. बहन वो होती है...
11. मुझे वो बच्चे बेहद अच्छे लगते हैं...
12. सही दाम बताओ ना भैया...
13. स्कूल की यादें
14. आजादी...
15. ऐ मातृभूमि भारत जननी मेरी हम जीवन अर्पण करने आये है
16. सुनो सैनिक,
17. हाँ मै लड़की हूँ...

क्रम-सूची

18. कयामत है जी कयामत है...

19. ये मोहब्बत है या फिर....?

20. बहला फुसला के लडकी को जो OYO तक ले जाते हैं

21. तुमने मुझसे दूरी बनाई मैने ख़ुद से दूरी बना ली है,

22. खामोशी में बोलते हो इश्क में टूट गये हो क्या

23. ये समझ नहीं आ रहा है...

24. इश्क का इजहार करने आया हूँ.

25. तुम प्यार-प्यार करते रह गये... और वो प्यार में काट गई तुम्हारा...!!

26. कहीं लड़का बेबफा... तो कही लड़की औकात दिखा जाती है...

27. एक लड़का है जो मुझे मुझसे ज्यादा जानता है..

28. बेकाबू क्रोध

29. मैं जब भी लिखता हूँ

30. मुझे मुकाम पाना है...

31. तुम अच्छे हो

32. प्रेम

33. तू है साथ तेरे

34. किरायेदार

35. इंतज़ार

36. दुनिया के रंग

37. छोड़ो ना यार

38. तुम कुल्हड़ चाय की चुस्की हो... मैं तलब लगा एक सुट्टा हूँ।

क्रम-सूची

39. हां, ये सच है मुझे तुमसे एक तरफा प्यार है,

40. इश्क़

41. ऑनलाइन इश्क़

42.थैंक्स, मुझे अपना बनाने के लिए...

43. R.I.P राहत

44. अरे हां हां मैं खुश हूं...

45. वो पहली मुलाकात

46. स्क्रीनशॉट...

47. सोचो

48. चेहरे...

49. आज कल

50. चिट्ठी

51. जिन्दगी

52. लड़की...

53. हमारे भारत में फिर एक बलात्कार हुआ है...

54. तुम्हारा दिल

55. वो अनजान थे कभी... अब हमारी जान बन गए हैं...

56. उससे आज मुलाकात हुई... आखिरी बार आखिरी बात हुई...

57. ना यार मिला ना प्यार मिला... बस जहाँ मिला इंतजार मिला

58. तू गुजरी इतने करीब से... गलती हो गई गरीब से...

59. महफ़िल मैंने जमा दी है... आज तेरे नाम की...

60. पीरियड्स

क्रम-सूची

61. ज़िंदगी का सफ़र

62. मित्रता दिवस

63. दोस्त

64. दोस्त से दोस्ती

65. छठ पूजा

66. ये कैसे दोस्त है?

67.किसान

Thanks

प्रस्तावना

साहित्यकारों ने छोटी-छोटी कविताएँ लिखी हैं। ऐसी ही कविताओं के माध्यम से अपनी बात कहना आसान होता है। एक-एक कविता एक-एक बौद्धिक के समान है। काव्य की दुनिया सचमुच निराली होती है। बस, अपने मन की भावनाओं को शब्दों में पिरोकर आप तक परोसने का कार्य किया है। आपके मन को मैं कहाँ तक झूमाकर मस्ती में ला सकेगा, यह तो आप ही बता पाएँगे। लेकिन हाँ, कुछ भी आप असमें से ले सकें या आपके हृदय को एक भी पंक्ति प्रभावित कर सकी तो मैं अपना कार्य सफल समझूँगा । इसमें ' डायरी by अत्रि' पुस्तक की कुछ कविताएँ भी सम्मिलित हैं। इन कुछ गेय कविता की श्रृंखला मेरे मन के उठते भाव के लिपिबद्ध हो जाने से बनी है। इसके लिए कोई नया स्थान या नया परिवेश नहीं देखा गया। जैसे-जैसे भाव उठते गए, मैं लिखता गया और कविता बनती गई। ये सभी मेरी मौलिक कविताएँ हैं। कभी-कभी भक्तिपूर्ण भाव देखकर या सुनकर उस प्रकार की कविता लिख बैठता हूँ तो कभी हसीनों के जिंदादिली दिल देखकर झूम उठता हूँ और दिल के किसी कोने में वैसा रस उड़ेल कर शब्दों में बाँधने का प्रयास करता हूँ और दिल के किसी कोने में वैसा रस उड़ेल कर शब्दों में बाँधने का प्रयास करता हूँ। यह प्रयास कितना सार्थक और सफल है, यह किसी गायक के सुरीले कंठ ही बता सकेंगे।

शुभकामनाओं के साथ,

प्रस्तावना

Writers have written short poems. It is easy to express one's point of view through such poems. Every poem is like an intellectual. The world of poetry is really strange. Simply, by putting the feelings of your mind in words, you have done the work of serving it to you. Only you will be able to tell how far I will be able to bring your mind to the fun by swinging. But yes, if you can take anything from yourself or even

a single line that can affect your heart, then I will consider my work successful. It also includes some poems from the book 'Diary by Attri'. The series of these few lyrical poems are made up of the writing of the rising emotion of my mind. No new locations or new environments were observed for this. As the sentiments picked up, I went on writing, and poetry was created. These are all my original poems. Sometimes seeing or listening to devotional expressions, I write that type of poem, then sometimes I get stunned by seeing the lively hearts of the beauties and pouring that juice in some corner of the heart and try to bind it in words, and in some corner of the h,eart I try to bind it in words. I try to put it in words by pouring it. How worthwhile and successful this effort is, only the melodious vocals of a singer will be able to tell.

with the best wishes

प्रस्तावना

भूमिका

आपकी सेवा में प्रस्तुत 'डायरी by अत्रि' नाम का काव्य-संग्रह दिल की गहराईओं से उत्पन्न विचारों जिन्होंने शब्दों का आवरण ओढ़ लिया है, की मात्र अभिव्यक्ति ही तो है। मन गतिशील है, कभी रुकता नहीं। न जाने कैसे कैसे विचार मन की चौखट पर दस्तक देते हैं, वापिस लौट जाते हैं परंतु उनमें से कुछ विचार कभी कभी शब्दों का लिबास ओढ़ कागज़ों की दुनिया में बस जाते हैं, यहीं तो हैं कविताएं।

The book 'Diary by Attri' is a collection of Hindi poems. These poems are a result of deep thoughts and feelings that arise from within and pour out as words. The mind is always churning with thoughts and feelings. Some of these thoughts come and go but others stay on and pour out as words.

लड़ते-लड़ते जब थक जाता हूँ...
जीवन के समझोतों से....
दूर कही एकांत बैठकर...
याद पिता को करता हूँ...!

When I get tired of fighting...
With the words of life...
Sitting alone somewhere far away...
I remember my father...!

About The Author

काव्य पुस्तक 'डायरी by अत्रि ' के लेखक अत्रि तिवारी का जन्म 01 दिसंबर, 2002 को जिला अंबेडकरनगर के एक गांव हाथपाकड में हुआ । स्नातक द्वितीय वर्ष में इन्हे काव्य पढ़ने का नया नया शौक हुआ । काव्य पढ़ा और समझा और जीवन की सचाइयो से प्रेरित होकर और आपने संघर्षों से प्रेरित होकर काव्य लिखकर संकलन चालू कर दिया। अभी तो काव्य के क्षेत्र में एक मामूली सा कवि हूं फिर हिम्मत करके अपना काव्य संकलन 'डायरी by अत्रि ' को प्रकाशित करने का निर्णय ले लिया।

हर क्षेत्र में हमें कुछ भी काम करने के लिए डैडी और मां दोनो का आशीर्वाद और योगदान रहा । मैं आज जो भी हूं उनकी ही वजह से हूं। आगे बढ़ने की प्रेरणा हमे आपने दादाजी से मिली हैं जिनकी डांट में भी प्यार छुपा होता है मेरे लिए ।

Love you mummy and Daddy ,

-अत्रि तिवारी

Attri Tiwari, the author of the poetry book 'डायरी by अत्रि', was born on December 01, 2002 in Hathpakad, a village in Ambedkar Nagar district. In his second year of graduation, he had a new hobby of reading poetry. Read and understood poetry and inspired by the realities of life and inspired by your struggles, started the compilation by writing poetry. Right now, I am a minor poet in the field of poetry, then took courage and decided to publish my poetry compilation

'डायरी by अत्रि'.

In every field, we had the blessings and contribution of both father and mother to do anything. Whatever I am today is because of him. We got the inspiration to move forward from our grandfather, whose scolding also hides love for me.

Love you mummy and Daddy ,

-Attri Tiwari

Motivation

लड़ते-लड़ते जब थक जाता हूँ...
जीवन के सगड़ोतों से....
दूर कही एकांत बैठकर...
याद पिता को करता हूँ...!
-अत्रि तिवारी

When I get tired of fighting...
With the words of life....
Sitting alone somewhere far away...
I remember my father...!
-Attri Tiwari

One Line For Author

कुछ दिनों से मन मेरा निराश है बहुत...
शायद स्वयं की तलाश में हूँ मैं ।।

- अत्रि तिवारी

My heart is very disappointed since few days...
Maybe I'm looking for myself.

- Attri Tiwari

First Collection

परीक्षा में आए मुश्किल सवाल जैसा हूँ मैं...

छोड़ा है हर किसी ने बिना समझे ही....

- अत्रि तिवारी

I am like a difficult question in the exam...

Everyone has left without understanding....

- Attri Tiwari

1. तुम्हारी जुल्फों में... मैं वो फूल लगाना चाहता हूँ...

मैने ख्वाब संजो कर रखे है दिल मे...

तेरे साथ पूरे करना चाहता हूँ...

और कुछ बड़ी ख्वाहिश नही है मेरी...

बस जिंदा रहते तुझपे मरना चाहता हूँ...!!

तुम सोई रहो सुबह सुबह...

तुम्हारी आँखो पे फूंक मारके...

तुम्हें जगाना चाहता हूँ...

तुम्हारी जुल्फो मे में...

मै वो फूल लगाना चाहता हूँ...!!

तुम्हें तुम्ही से ना...

मै सुंदर दिखाना चाहता हूँ...

मेरी कुर्सी तुम्हारी कुर्सी के साथ...

मै सटाना चाहता हूँ...

मै भी गालो पर गिल्टी जुल्फें तुम्हारी...

अपने हाथो से हटाना चाहता हूँ ...!!

तुम्हारी जुल्फो मे में...

मै वो फूल लगाना चाहता हूँ...!!

बारिश में एक छतरी के नीचे...

तुम्हे लाना चाहता हूँ...

सुर बिगड़ा है पता है नही आता...

फिर भी तुम्हारे लिए गाना चाहता हूँ...!!

और लिखे हो जिसमें जज्बात मेरे...

तुझे वो डायरी अपनी बनाना चाहता हूँ...

शायर ATTRI तुझे...

शायरी अपनी बनाना चाहता हूँ...!!

मैं तुम्हारी जुल्फों में...

मैं वो फूल लगाना चाहता हूँ...

तुम्हें तुम्ही से ना...

मैं सुंदर दिखाना चाहता हूँ...!!

तू गुस्सा करके बैठे...

मैं तुझे प्यार से मनाना चाहता हूँ...

और खर्च करे तू उनको...

मैं तेरे लिए कमाना चाहता हूँ...!!

कि मै इज्जत जानता हूँ मै...

मै तुझे भगाना ना मै भगाना चाहता हूँ...

आग के चारो ओर सात चक्कर...

मै तेरे साथ तेरे आँगन में लगाना चाहता हूँ?

बस एक तू चाहिए मुझे...

ना ये सारा जमाना चाहता हूँ...

घर वालो के आशीर्वाद के साथ...

सुन दुल्हन तुझे मैं अपनी बनाना चाहता हूँ...!!

-अत्रि तिवारी

2. लंबी उम्र दे ऐ ख़ुदा मेरी माँ को

मै रहूँ सामने या दूर नजरों से...

वो अपने मन में एक यही सवाल रखती है...

ठीक तो है ना मेरा बेटा...

मेरी माँ मेरा बहुत ख्याल रखती है...

जी लुंगा मै बिन तेरे...

बिना उसके ये जिंदगी अधूरी है...

लंबी उम्र दे ऐ ख़ुदा मेरी माँ को...

वो मुझे तुझसे भी ज्यादा जरूरी है...

मुसीबत चाहे कितनी भी हो बड़ी...

वो हमेशा ऊपर मेरे ढाल रखती है...

ठीक तो है ना मेरा बेटा...

मेरी माँ मेरा बहुत ख्याल रखती है...

मेरा इस माँ की कोख से जन्म लेना...

ऐ ख़ुदा कितना खुशनसीब था...

वो जब था मैं गोद में माँ की...

यूँ लगा की सारा जहां मेरे करीब था...

लग जाए अगर कोई चोट मुझे...

वो अपना हाल-बेहाल रखती है...

ठीक तो है ना मेरा बेटा...

मेरी माँ मेरा बहुत ख्याल रखती है...

औकात नही है SHAYAR ATTRI तेरी कलम की...

कि माँ के ऊपर कुछ लिख सके ये...

तू बस जज्बात कागज पर उतार सकता है...

जो बस हर किसी को दिख सके ये...

बेवफाई नही होती प्यार में...

सच्चे प्यार की माँ वो मिसाल रखती है...

ठीक तो है ना मेरा बेटा...

मेरी माँ मेरा बहुत ख्याल रखती है

-अत्रि तिवारी

3. मां

तेरी कदमों की आहट याद मुझको मेरी सांसों की तुझे पहचान है मां...
जो कहते मिली नही मोहब्बत वो प्यार से मां के अनजान है मां...

तेरी कदमों की आहट याद मुझको मेरी सांसों की तुझे पहचान है मां...
जो कहते मिली नही मोहब्बत वो प्यार से मां के अनजान है मां...

काल को परास्त करने की क्षमता, ममता की तेरे गुलाम दुनिया सारी...
मां शब्द नही परिभाषा है मां, पूजे जिसे मेरे प्रभू त्रिपुरारी...

मैं चाहूं वरदान मेरे प्रभू से ये, खुश रहे तू सदा, निरोग तेरी काया हो...
हर बालक को ममता का आशीर्वाद मिले, हर बालक के सिर पर मां का साया हो...

लफ्ज़ मेरे जरा है नाकाबिल मां महिमा तेरी बताने को...
मां तू मेरे सदा साथ रहे, तेरा आंचल मिले सदा सो जाने को...

-अत्रि तिवारी

4. मां...

सब लिखते हैं उसी पर वो उस लायक भी है...
मेरी मां मेरी जिन्दगी की सहायक भी है...

एक एक चीज बचपन से ही मैंने उससे सीखी है...
मानो मेरी किस्मत ही मेरी मां ने लिखी है...

उसको देख कर है मैने हर हाल में खुश रहना सीखा है...
मेरी मां में ही मुझे रब दिखा हैं...

मेरी आंखों को कामयाबी की ओर बढ़ना सिखाया हैं...
वो ज्यादा पढ़ी लिखी नही पर मुझे अच्छे स्कूल में पढ़ाया हैं...

-अत्रि तिवारी

5. पापा

वो पापा अपने बच्चों से कितना प्यार करते हैं...
वो आज भी दरवाज़े पर उनका इंतजार करते हैं...! बच्चों को
उनके चश्मे का नंबर तक नहीं पता है...
पर वो बच्चों का हर जरूरत का हिसाब रखते हैं...!!

बड़े है उम्र में, तजुर्बे में और रिश्तों में..
बच्चों के लिए लेते वो लोन फिर उसे किस्तों में चुकाते है...!
चाहे घिस गए हो जुते, चाहे शर्ट पर टांके हो... पर वो अपने
बच्चों को घर नई चीज़ ला कर देते हैं...!!

ये नहीं कहना भावुक नहीं है वो कभी रोते नहीं है वो...!
अरे जब बच्चें हो परेशान तो फिर चैन से सोते नहीं है वो...!!

संघर्षों से जुझा है वक़्त की मार खाई है...!
सलाह मान लो उनको जो बातें तुम्हें बताई है...!!

अपनी जिंदगी अंधेरे में भले क्यों ना काटी हो...
पर वो खुद जल बच्चों की जिंदगी में उजाला करते हैं...! जीवन
की कमाई को कभी रूपयों से नापा नहीं उसने...
वो अपने बच्चों को असली कमाई मानकर के चलते हैं...!!

वो बच्चें आज अपने पिता को दोस्तों से मिलाने दे डरते हैं...
जो फेसबुक और व्हाट्सएप में आई लव यू पापा लिखा करते हैं...!! वो पापा अपने बच्चों से कितना प्यार करते हैं...
वो आज भी दरवाज़े पर उनका इंतजार करते हैं...!

-अत्रि तिवारी

6. पिता कौन है?

पिता कौन है?

यह उनसे पूछो जिनके पास उनका हाथ नहीं... जिन्होंने उनका प्यार नहीं पाया... जिन्होंने उनकी उंगलिया पकड़ कर चल नहीं पाया...
जिन्होंने उनकी डांट नहीं खाई...

पिता वह है...
जिनसे हमारा हर दिन है... जिनके डांट डपट से, हमें नए रास्ते मिले है... जो हमारे हर दुःख सुख में खड़े रहते है... हमें प्यार बहुत करते है... हम पर जान छीरकते है...
हमारे लिए दुनिया से लड़ जाते है...
वो हमारे सुपर हीरो है...

-अत्रि तिवारी

7. वही तो पापा होते हैं...

पापा, डैड या पॉप्स कहूं...
प्यार जो वो सबसे करते हैं...
वही तो पापा होते हैं...

बचपन में घोड़ा बनना हो...
या आज की मेरी मांग...
सबकी हर ज़िद जो पूरी करते हैं...
वही तो पापा होते हैं...

बच्चों के लिए...
जो खुशियों के सागर ले आते हैं...
जो हमें खुश देख...
अपने ग़म नहीं कह पाते है...
वही तो पापा होते हैं...

गलतियों पर जो हमें समझाते हैं...
मम्मी की डांट से जो हमें बचाते हैं...
वही तो पापा होते हैं...

जिंदगी का हर फर्ज़ जो बखूबी निभाते हैं...
खुद कर्ज़ में डूब कर जो हमारे सपने सजाते हैं...
वही तो पापा होते हैं...

हमको जो खाना पसंद वो अपनी प्लेट में रख लेते हैं...
जो उन्हें है पसंद वो हमारी प्लेट में रख देते हैं...
वही तो पापा होते हैं...

ऊंगली पकड़ कर जो चलना सिखाते हैं...
कदम कदम पर जो सही राह दिखाते हैं...
वही तो पापा होते हैं...

जादूई शक्ति होती है उनके पास...
सारी समस्या का जो हाल कर देते हैं...
वही तो पापा होते हैं...

छोटी सी आहट से जो हमे पहचान लेते हैं...
जो इंसान के रूप में भगवान होते हैं...
वही तो पापा होते हैं...
हां, वही तो पापा होते हैं...

-अत्रि तिवारी

8. भाई! इस बार तुम आ जाना...

नहीं भेजूंगी इस बार राखी डाक से तुम ख़ुद बंधवाने आ जाना....
भाई! इस बार तुम आ जाना...

सालों बीत गए तुम्हारे माथे पर टिका सजाए इस बार तुम लगवाने आ जाना....
भाई! इस बार तुम आ जाना...

उतारूंगी आरती, उतारूंगी नज़रें मेरी खुशियां लौटने तुम आ जाना....
भाई! इस बार तुम आ जाना...

मनपसंद पकवान तुम्हारे, बनाऊंगी ख़ुद अपने हाथों से मेरे धन्य भाग्य करने आ जाना.... भाई! इस बार तुम आ जाना...

नहीं चाहिए कोई तौफ़ा तुमसे बस अपनी चेहरा दिखा जाना...
एक बार गले लगाऊं तुमको भाई इस बार तुम आ जाना...

-अत्रि तिवारी

9. बेटी

बेटी हूं तो क्या हुआ.
इंसान आखिर मैं भी हूं...
जिस भारत को तुम माता कहते हो
उसकी एक सन्तान मैं भी हूं...

उड़ लेने दो आज मुझे तुम तोड़ो इन जंजीरों को...
बदलने का एक मौका तो दो इन हाथों की लकीरों को...

देवी बना बैठा दिया है
औरतों को तुमने घर में...
क्यों कहते हो देवी उसको
जब सम्मान ही ना हो जिगर में...

क्यों खौफ खाती है हर पल
भारत माँ की ये सन्तान...
इनको भी जीना का हक़ है
ये भी होते है इंसान...

-अत्रि तिवारी

10. बहन वो होती है...

बहन वो होती है जो आपको सताती है...
मम्मी से डांट सुनवाती है...
जो पाप से मार खिलवाती है...
फिर खुद बहलाने आ जाती है...

हां माना वो पक पक की दुकान होती है.. पकाऊ इंसान होती है...
पर जो भी हो बहन सबकी जान होती है...
बहन वो होती है...
जो आपको कभी कुत्ता कभी कमीना बुलाती है...
पर जब कोई दूसरा बोले तो उससे लड़ जाती है...
बड़ी बहन हो आपकी तो अपना रौब जमाती है...

बहन वो होती है...
जो खुद तो सारा दिन फोन चलाती है...
तुमको खाली बैठा देख घर का सारा काम कराती है...
हो जाए तुमको जब बुखार तो वो ही तुम्हें सर पर गिली पट्टी लगाती है...

बहन वो होती है...
जो आपके अच्छे दोस्त की जगह बनाती है...
जब आप गुस्सा हो जाओ तो बड़े प्यार से मनाती हैं...

होती नहीं जिनकी माँ उनको बड़ी बहन ही अपनी गोद में सुलाती है...

बहन वो होती है...
जो आपसे लड़े बिना रह नहीं पाती है...
हर वक़्त, हर दिन आपको सताती है...
कलाई पर बांध कर राखी मिठाई खिलाती है... फिर वो आपकी जेब भी खाली कर जाती है...

-अत्रि तिवारी

11. मुझे वो बच्चे बेहद अच्छे लगते हैं...

मुझे वो बच्चे बेहद अच्छे लगते हैं...
मासूम से माँ की आँचल से लिपटे हुए...
जो दुनिया की तमाम दुश्वारियों के बीच भी... अपने माँ और
मिट्टी की लाज रखते है...!!

करता है ज़माना उनपर कई जुर्म...
पर वो टस से मस नहीं होते...
सिसकते ज़रूर है रात की अकेली ख़ामोशियों के बीच...
पर फिर भी अपने हंसी और जिंदगी को बरक़रार रखते हैं...!!

ये बच्चे फिर बड़े होते है...
पर दिल से अभी भी कच्चे होते है...
मोहब्बत की कालाजादुगरी से दूर...
वो इश्क़ की तलाश करते है...!!

शायद कोई मिल जाए उन्हें अपने माँ से भी ज्यादा सच्चा...
ऐसे इश्क़ का एहतराम करते है...
पर आजकल के मोहब्बत के तौर तरीके उन्हें कौन समझाए...
चोट खाते है कई दफा पर फिर भी अपने मूल्यों को बरक़रार
रखते है...!!

ये बच्चें फिर बुड्ढे होते है...
अपने किए कर्मों का ख़ुद से हिसाब करते है... अपने पाप पुण्य का लेखा जोखा लेकर...
ख़ुद से सवाल करते है...!!

फिर उन्हें ये ज्ञात होता हैं...
जरूरी नहीं कि अच्छे होने की इतनी बड़ी कीमत अदा की जाए...
क्यूँ ना ख़ुद का अच्छा होना एक व्यक्तिगत निर्णय समझा जाए...
और जो अच्छा - बुरा मिले उसे पिछले कर्मों का हिसाब माना जाए...
क्यूँ ना ख़ुद को एक आजाद पंछी कि तरह रखा जाए...
और हर नियम कानून को खुशियों के कसौटियों पर टोला जाए...
क्यूँ ना अपने सपनों कि मशाल जलाने की हर संभव कोशिश की जाए...
और इस उल - जलूल की दुनिया के आडंबरों से खुद को दूर रखा जाए...
क्यूँ ना "हम ही है बादशाह इस जहाँ के के रंग में ख़ुद को संवारा जाए... और लोग क्या कहेंगे कि मानसिकता से ख़ुद को बाहर निकाला जाए...
क्यूँ ना कुछ इस तरह से जिया जाएं, अपने ख्वाबों से पहले किसी कि भी ना सुनी जाए...!!
- अत्रि तिवारी

12. सही दाम बताओ ना भैया...

नीली वाली कितने की है सही दाम बताओ ना भैया...
दो और ड्रेस ले लेंगे हम कम ही दाम लगाओ ना भैया....

काली, पीली या चमकीली सब निकाली गयी कतार में...
समय लगाकर घंटों का भी कोई चुनी नहीं हज़ार में...
ये सब पुराना हो गया है आप कोई नया फैशन दिखाओ ना भैया...

ये वाली तो ख़ूब जचेगी बार बार दोहराते जाता...
साथी उसका छज्जे पर से कपड़ों को बरसाते जाता...
लाल वाली थोड़ी जच गयी इसका पैक थोड़ा हटाओ ना भैया...
वो ऊपर वाली अच्छी लग रही है, उसको नीचे उतार कर दिखाओ ना भैया...
मुझ पर कौन सी अच्छी लग रही है आप ही बताओ ना भैया....

फिर खींच तस्वीर लगायी सोशल मीडिया पर दोनों अंगूठे व्यस्त हुए...
फोटो में आप आ रहे हो थोड़ा हट जाओ ना भैया...

-अत्रि तिवारी

13. स्कूल की यादें

खुद से ही सवाल किया क्या लिखूँ ये ख्याल किया...
यादों के पिटारे को जब खोला मानो सारा बचपन एक साथ बोला...

आज कौन सा ख्याल लिखने जा रहे हो...
ये बताओ हमें कागज पर कलम से कब ला रहे हो...
पहचान आज से हमारी भी तो जरा कराओ... अपने स्कूल की यादों को तो शब्दों में लाओ...

सुन कर ख्यालों की ये बात...
दिल में भर आए जज्बात...
स्कूल का पहला दिन याद आया...
उस दिन कुछ समझ नहीं आया...

कदम जब कक्षा में बढाया...
शिक्षा का महत्व समझ आया...
उत्साह में खुशी जब जताई...
शिक्षकों की भूमिका मन को भाई...

नहीं भूली वो टिफिन का डब्बा...
याद है आज भी दोस्तों से किया कुट्टा - अब्बा...

जन्मदिवस पर वो टाफी सबको खिलाना...
मानो नये कपड़े पहनने का हो खजाना...

बस किसी शिक्षक का पसंदीदा हो जाना...
तो कभी गणित विषय मन को ना भाना...
परीक्षा में हर बार अव्वल आना...
याद है आज भी पास होने पर मिठाई को खाना...

शिक्षा के महत्व को महत्वपूर्ण बनाना...
शिक्षकों का सहयोग हमेशा पाना...
जीवन का जरूरी हिस्सा बन जाना...
बालक के विकास में स्कूल को पाना...

जितना लिखू उतना कम है...
आज आखें खुशी से नम है...
उन यादों का कोई हिसाब नहीं...
स्कूल की परिभाषा का जवाब नहीं...

-अत्रि तिवारी

14. आजादी...

तुम आज तिरंगे की आजादी जश्न मना लो...
इस जमीन के आजाद होने की खुशी मना लो...

जिस दिन हर दिल आजाद हो जाएगा...
औरत का चरित्र आजाद हो जाएगा...

उस गरीब बच्चे को दो वक्त का खाना मिल जाएगा...
किन्नर को भी अपना हक इस दुनिया में मिल जाएगा...

नोटो में बधे इंसान को जब सुकून की सांस मिल जाएगी...
हर बूढ़े मां बाप को देश में फिर से जब सम्मान मिल जाएगा...

जब किसानों की मौत थम जाएगी,
और उन्हें उनकी मेहनत का पैसा मिल जाएगा...
जब लड़कियों का सड़क पर चलना सेफ हो जाएगा,
जब भारत में इंसान में इंसान मिल जाएगा...

तब कहलाएगा भारत आजाद मैं भी खुद जश्न मनाऊंगा...
आज सलाम करता हु देश के वीरों को पर उस दिन तिरंगा भी
लहराऊंगा...!!

-अत्रि तिवारी

15. ऐ मातृभूमि भारत जननी मेरी हम जीवन अर्पण करने आये है

ऐ मातृभूमि भारत जननी मेरी
हम जीवन अर्पण करने आये है

पत्थर पर रख के अपना मस्तक
हम वीर तुम्हारे आये है
ऐ जन्म भूमि मेरी माटी
हम अपना कर्ज उतारने आये है
लो पुष्प हमारे हांथो से अब
बंदूके थमा दो कोमल हांथो में
जश्न मना लेंगे जिंदा रहे तो
अपना ये जीवन समर्पित तुझपे
अपना बसन्त लुटाने आये है
जो भारतभूमि के दुश्मन है
हमे उनके आगे लगा दो
अर्पण है ऐ मातृभूमि
मेरा ये जीवन सर्वस्व तुमपे
आँच नही आने दूँगा

किसी को आँख नही उठाने दूँगा
सौगन्ध तुम्हारे माथे का
अपनी पूरी ताकत लगाने आये है
ऐ मातृभूमि तेरे चरणों में
अपना लहूँ अर्पन करने आये हैं

हम भूल चुके सुख अपने सारे
अब बलिदान की बड़ी आई है
अपने लहू के इस धारा से
तिलक आज लगाने आए है
कण कण में हे मातृभूमि
तुममे मेरा अंश रहे

जो तूने दिया इस जीवन को
तो तुमपे मेरा सर्वस्व अधिकार रहे

आँचल में तेरे खेल लिये अब
इस आँचल पे आंच ना आने देगे

सींचेगे मिट्टी अपने रक्त से तेरा
उर्वर भारत बनायेगे
हे मातृभुमि ये जननी माँ,

अब कर मुझको हँस के विदा
अर्पण हुआ अब ये जीवन
जो तुमने दिया था जीने को
सर्वस्व तुम्हरा है मेरा

हम इसे लुटाने आये है

ऐ मातृभूमि भारत जननी मेरी
हम जीवन अर्पण करने आये है

16. सुनो सैनिक,

सुनो सैनिक,
मेरी बात सुनो तनिक,
मोबाइल के युग में,एक चिट्ठी तेरे नाम
चिट्ठी की पहली पंक्ति में करता हूँ तुझे प्रणाम ।

सुनो सैनिक,
मेरी बात सुनो इक
तू तो निभा रहा हर
एक जो फर्ज है तेरा,
भला हम कैसे चुकाएँ कर्ज़ तेरा ।
मोबाइल के युग में एक चिट्ठी तेरे नाम
मेरे देश की मिट्टी तेरे नाम ।

सुनो सैनिक,
मेरी बात सुनो तनिक
एक राखी तरसती बंधने को,
एक ममता तरसती बरसने को।
और तेरे सामने नाग सी बंदूक
जीभ निकालती डसने को।
बेटा करता पिता का इंतजार,
और मंगलसूत्र तरसती पाने को प्यार ।

मोबाइल के युग में एक चिट्टी तेरे नाम,
देश के प्रति तेरे त्याग को, मेरा एक सलाम।

सुनो सैनिक,
मेरी बात सुनी इक
आग उगलते सूरज में भी, अपना कोई जिक्र नहीं।
मौत जैसी बर्फ में भी, अपनी कोई फिक्र नहीं।
तू ही आन तू ही शान,
तू ही बहादुर तू ही जवान।
क्या होगी सुबह तेरी और
क्या होगी तेरी शाम ।
मोबाइल के युग में एक चिट्ठी तेरे नाम,
आजीवन लड़कर अब तो मौत ही तेरा आराम।

-अत्रि तिवारी

17. हाँ मै लड़की हूँ...

इज्जत करो मजबूर ना करो...
होश अपना मुझे खोने पर...
हाँ मै लड़की हूँ...
और मुझे मान है लड़की होने पर?...!!

तुझसे ज्यादा मजबूत हूँ...
पर दिखावा नहीं ये होने पर...
कमजोर हूँ इस वहम में ना रहना...
मेरे यूँही आँखे भिगोने पर...
हाँ मै लड़की हूँ...
और मुझे मान है लड़की होने पर?...!!

नजरो पर रखा कर पहरा...
कहीं ये मेरी ओर आ ना जाये...
कह नहीं रही चेतावनी है ये...
कही मैने देखा तो तू घबरा ना जाये...!!

और ये क्या गहनो से खरीदता है तू...
सुन मरती नहीं हूँ मैं सोने पर...
हाँ मै लड़की हूँ...
और मुझे मान है लड़की होने पर?...!!

तु ये मत सोचना...
जिगर मैं कम रखती हूँ...
सुन तु सहारा मत बन मेरा...
लड़की हूँ खुदसे जीने का दम रखती हूँ?...!!

सँभल जा अभी भी वक्त है...
कही अफसोस हो तुझे...
तेरी हड्डियों के खोने पर...
हाँ मै लड़की हूँ...
और मुझे मान है लड़की होने पर?...!!
-अत्रि तिवारी

18. कयामत है जी कयामत है...

कयामत है जी कयामत है,
महबूब मेरी कयामत है...!
नजरो से जब मिलती है,
नजर आती दिल पे आफत है...!!

आँखो मे काजल...
चेहरे पर लाली है...
वो अलग है औरों से...
उसकी बात निराली है...!!

हवा में उड़ती दिखे...
अगर जुल्फे उसकी...
जो देखे ना नजर उसपे...
लानत है जी लानत है...
कयामत है जी कयामत है...
महबूब मेरी कयामत है ... !!

तरस रहे हैं कान मेरे...
होठ उसके मेरा नाम कब लेंगे...
कब कहेगें यार भाभी उसको...

जश्न की महफिल में जाम कब लेंगे...!!

अगर मिल जाये सजा...
उसकी बाहो मे हमें...
रास किसको आती फिर जमानत है...!
कयामत है जी कयामत है...
महबूब मेरी कयामत है....!!

कायल है हम आपकी सादगी के...
हम ज़िन्दगी में आना जानते हैं...
आया नही हमे कभी इश्क आजकल का करना...
हम तो बस निभाना जानते हैं ... !!

शायर की इस ज़िन्दगी मे आने की...
आपको भी हर पल इजाजत है जी...
कयामत है जी कयामत है...
महबूब मेरी कयामत है....!!

- अत्रि तिवारी

19. ये मोहब्बत है या फिर....?

लकडियां देखती है जेब के साथ सूरत...
लड़के होते हैं सिर्फ जिस्म पे फिदा...
ये 'सच है बेशक कोई मानना नहीं चाहता...!
दूसरे का जरूरी है देखना चरित्र आजकल... साला खुद को कोई जानना नही चाहता...!!

जो है अकेला रहना चाहता...
मेरी नजर में वो सही है...!
बेशक कोई है नहीं महबूब लेकिन...
कम से कम नजर उसकी जिस्म पे तो नही है....!!

शहद सी मीठी होती है मोहब्बत...
यार इसे कड़वी शराब मत करो...!
अपनी गंदी नजर को लेकर...
मोहब्बत का नाम तो खराब मत करो....!!

रिश्ता अगर...
जिस्म या पैसे से जोडोगें...!
ये तय है एक दिन...
किसी न किसी का भरोसा तोडोगे....!!

सच्चा हूँ मै, अच्छा हूँ मैं...
मैं ये बिल्कुल कहता नही...!
खामियां सब में है...
पूरा सही कोई रहता नही...!!

मगर हाँ मैने किसी लडकी का...
दिल नही दुखाया...!
जिस्म को रख के आंखों में...
कोई रिश्ता नहीं निभाया...!!

मुझे नाज है उन लडके लडकियो पे भी... जिन्होंने अपनी इच्छा को मारा...!
अकेले रहे बेशक मगर अपने मतलब के लिए...
मैदान में इश्क को नही उतारा ?...!!

- अत्रि तिवारी

20. बहला फुसला के लडकी को जो OYO तक ले जाते हैं

यूँ रोक के बार बार उसका रास्ता...

तुम आशिक खुद को बड़ा बताते हो...

लोगों ने बीच खुद की और उसकी...

इज्जत को तुम क्यूँ गिराते हो...!!

चलो तुम्हारी तो क्या बात करूँ...

होती इज्जत तो ये करते ही नही...

फेक के पर्ची नम्बर की...

माँ बाप संस्कारो को यूँ जमीन पर रखते ही नही...!!

थोड़ी शर्म करके उस...

ऊपर वाले से डर लिया करो...

सच्चा इश्क चाहिए लडकी का...

तो थोड़ी उसकी इज्जत कर लिया करो...!!

छुपा रखा है जो परदे के पीछे...

वो तुम्हारा चेहरा दिखाता हूँ...

सुनो आजकल के फेक-सच्चे आशिकों...

आ जाओ आज तुम्हारी सच्चाई बताता हूँ...!!

अगर हाँ कर दे लड़की...

तब तो ठीक है...

अगर कर दिया मना...

तो तुम अपनी औकात पर आ जाते हो...

फिर करना जबरदस्ती उसके साथ...

या फिर उसको उसको चरित्रहीन बताते हो...!!

ये कौन से...

सच्चे प्यार की बातें है...

बहला फुसला के लड़की को...

जो OYO तक ले जाते है...!!

अब कहेगें जबरदस्ती कौन ले जाता है...

ताली एक हाथ से नहीं बजती है...

मेरे दोस्त हर लड़की का सपना होता है...

दुल्हन के रूप में खुद को देखना चाहती है...!!

यूँ भरोसा दिला के शादी का...

जो भरोसा तोड़ देते हो...

खुद भी हो जाओगे एक दिन...

जो तुम USE करते होड़ देते हो...!!

हाँ ये बातें...

लागू सब पर नही होती है...

किसी के लिए कोई...

उसका सब कुछ भी होती है...!!

पर जो रूह से मोहब्बत करते है...

वो ऐसे काम नही करते...

अगर मना भी कर दिया लड़की ने...

तो उसको बदनाम नहीं करते...!!

ऐ ख़ुदा अगर हो मोहब्बत किसी से...

तो उसके हाथो में मेहंदी रचा सकूँ...

बस इतना काबिल रखना ATTRI को...

कि माँ बाप के संस्कार बचा सकूँ...

माँ बाप के संस्कार बचा सकूँ...!!

-अत्रि तिवारी

21. तुमने मुझसे दूरी बनाई मैने ख़ुद से दूरी बना ली है,

बैच के मैने इश्क अपना...

बहुत बेवफाई कमा ली है...

अब कोई फर्क नही पडता यार...

तुमने मुझसे दूरी बनाई मैने खुद से दूरी बना ली है...!!

अकेलेपन का अनुभव...

रग-रग में दौड़ रहा है...

तब-तब और मजबूत हो रहा हूँ...

जब-जब कोई छोड़ रहा है...!!

दर्द की हर आह...

दिल ने अपने अंदर समा ली है...

तुमने मुझसे दूरी बनाई...

मैने खुद से दूरी बना ली है...!!

अकेले रह रह के...

अब हर दर्द से संभल गये हैं...

अब आना मत तू लौट के...

पहले तू बदल गई थी अब हम बदल गये हैं...!!

तेरी यादों को जलाकर...

जगह उनकी कामयाबी ने हथिया ली है...

तुमने मुझसे दूरी बनाई...

मैने खुद से दूरी बना ली है...!!

जबसे हुआ मैं मौन हूँ...

मै जानता नही मै कौन हूँ...

अब गुलाम नही तेरी इजाजत के...

हो गये हैं आदी बेफिक्री से रहने की आदत के...!!

ना तेरी जरूरत...

ना अब तेरे प्यार की...

तेरा इंतजार किया तू लौट आयेगी...

अब हदे गुजार चुका हूँ मै इंतजार की...!!

ना है शिकवा तुझसे...

ना बात है कोई तकरार की...

झूठा इश्क झूठी है मोहब्बतें...

ये सिर्फ SHAYAR ATTRI की नही...

आजकल कहानी है संसार की...!!

- अत्रि तिवारी

22. खामोशी में बोलते हो इश्क में टूट गये हो क्या

खामोशी मे बोलते हो...

इश्क मे टूट गए हो क्या...

काफिला आगे निकल गया है हमदर्दी का...

तुम अकेले पीछे टूट गये हो क्या...!!

कुछ अजीब सा मुस्कुरा रहे हो...

दर्द छिपाना सीख गये हो क्या...

और ये आँखे भी नम लग रही है...

बेवफाई की बारिश में भीग गये हो क्या...!!

नाम नही लेते हो इश्क का अब...

सोये मोहब्बत में जग गये हो क्या...

अल्फाज निकलते नही अब लबों से...

डायरी में लिखने लग गये हो क्या...!!

मोहब्बत के शहर निकले थे ना मंजिल ढूंढने...

रास्ता गलत था ना जान गए हो ना...

अलग बताते थे ना दुनिया से उसको...

ये SHAYAR ATRI अब तो मान गए हो ना...!!

-अत्रि तिवारी

23. ये समझ नहीं आ रहा है...

यादों का ये दायरा बढ़ता जा रहा है...
प्यार था उसे या सिर्फ मुझे है ये समझ नहीं आ रहा है...
कहते थे बहुत जरूरी हूँ उसके लिए...
पर कितने थे ये समझ नहीं आ रहा है...

यूँ तो लाख कोशिशे की खुद को सम्हालने की पर...
मरते रहे उस पर क्यों ये समझ नहीं आ रहा है...

जाना चाहते थे दूर उससे इतना...
की याद भी ना आये उसकी...
पर ये यादें रोज उसके पास ले जाती है...
क्यों समझ नहीं आ रहा है....

वो सब जनता है की मेरी हालत कैसी है...
फिर भी अनजान बने फिरते है क्यों...
और कैसे करते है वो...
ये सब मुझसे तो नहीं हो पा रहा है।

-अत्रि तिवारी

24. इश्क का इजहार करने आया हूँ.

आशिक, मै नया नया सा...

तुमसे टूटा-फूटा इजहार करने आया हूँ...

मुझे ऐसा लगता है इस दुनिया में मैं...

सिर्फ तुमसे प्यार करने आया हूँ...!!

देखो ना चाँद को घर से उठाऊँगा...

जा तारे तोड़ सकता हूँ...

हाँ अगर तू हाँ कर दे...

तो मैं उम्र भर का रिश्ता जोड़ सकता हूँ...!!

सुकून मिलता है इन आँखों को...

ये चेहरा तेरा देखने से...

इन आँखो को दो से मैं चार करने आया हूँ...

आशिक मैं नया नया सा...

तुमसे टूटा फूटा इजहार करने आया हूँ...!!

तेरे प्यार के बगैर अब...

मेरे दिल की कोई हस्ती थोड़ी है...

तू हाँ कर चाहे ना कर...

तेरे साथ कोई जबरदस्ती थोडी है...!!

मेरी माँ को बना सासू माँ तेरी...

नाम तेरे मै मेरा सारा ही संसार करने आया...

आशिक मैं नया नया सा...

तुमसे टूटा फूटा सा इजहार करने आया हूँ...!!

तेरे मेरे बीच में ना कोई गैरो की बातें होंगी...

दुल्हन तुझे बनानी है, बस फेरो की बातें होंगी...

घर का इकलौता लाड़ला हूँ मैं...

तेरे माँ पापा को भी मना लूँगा...

ना शराब पीता हूँ ना है बेल कोई...

हूँ पढ़ा लिखा कुछ ना कुछ तो कमा लूँगा...!!

दिल से निभाने है रिश्ते सारे...

मैं शायर अत्रि अभी ना कोई यहाँ व्यापार करने आया हूँ...

आशिक़ मै नया नया सा...

तुमसे टूटा फूटा सा इजहार करने आया हूँ...!!

-अत्रि तिवारी

25. तुम प्यार-प्यार करते रह गये... और वो प्यार में काट गई तुम्हारा...!!

जीते थे जो हर लम्हा...

साथ उसके बड़ी शान से...

बताते थे उसको...

बिल्कुल अलग इस जहां से...!!

गलती यही हुई कि WRONG NUMBER लग गया...

जो जहाँ बाट गयी तुम्हारा...

तुम प्यार प्यार करते रह गये...

और वो प्यार में काट गई तुम्हारा...!!

सब तो सही था ना यार...

जो होता है इश्क में बिल्कुल वही था ना यार...

तुम सोच रहे हमसफर मान रही थी तुमको...

तुम कितने बड़े हो वोअच्छी तरह से जान रही थी तुमको...!!

तो सच्चा प्यार...

सात किसी ओर के भी बाँट गई तुम्हारा...

तुम प्यार प्यार करते रह गए...

और वो प्यार में काट गई तुम्हारा...!!

सोचते थे ना मैं ही हूँ खुशकिस्मत...

जिसको सच्चा इश्क मिला है...

देखो तुम्हारा गुलाब आज...

जाके किसी ओर माली के पास खिला है...!!

हाथ पकड़ के वादा किया था ना...

रूह एक बनाके भी खुद को जीया था ना...!!

ऐ SHAYAR AITRI वो जाऊँ...

बाहों में किसी और के...

तोड़ HEART गई तुम्हारा...

तुम प्यार प्यार करते रह गए...

और वो प्यार में काट गई तुम्हारा...!!

उसको फर्क नही कोई...

तुम रो रो जिंदगी निकालोगे...

कहा था इश्क बफिजूल है आजकल...

मगर तुम कहाँ हमारी मानोगे...!!

जिसको सबकुछ माना था...

सामने उसके पारी को भी ना पहचाना था...!!

देख लो यार आज भी खड़े है...

और वो होड गई साथ तुम्हारा...

तुम प्यार प्यार करते रह गये...

और वो प्यार में काट गई तुम्हारा...!!

-अत्रि तिवारी

26. कहीं लड़का बेबफा... तो कही लड़की औकात दिखा जाती है...

कहीं लड़का बेवफा...

तो कहीं लड़की औकात दिखा जाती है...

ये कलयुग है...

सच्ची मोहब्बत की सोचो भी मत...

कमबख्त ये जिंदगी...

बखूबी समझा जाती है...!!

लगाओगे दिल तो तुडवा लोगें...

दिल दो मिलेंगे ये सोचना भी मत...

बस आँखे मिलेंगी उठाया जाएगा फायदा...

दयाल में शादी तक तो पहुँचना भी मत...!!

बिखर जाएगी रूह मिट जायेंगे ख्वाब...

ये कड़वी सच्चाई से पर्दा हटा जाती हैं...

ये कमबख्त है सच्ची मोहब्बत की सोचो भी मत...

ये जिंदगी बखूबी समझा जाती है...!!

लैला मजन हीर रांझा...

सब कहने की बातें हैं...

हाँ धोखा देने वाले जरूर...

शुरुआत में इन्दी की कहानियाँ सुनाते हैं...!!

आता सूरज नहीं इश्क का...

वो सनम बरवालो का नाम लेके...

काली रात दिखा जाती है...

ये कलयुग है...

सच्ची मोहब्बत की सोचों भी मत...

कमबख्त ये जिंदगी...

बखूबी समझा जाती है...!!

तुम सच्चे हो दिल के...

मैं मानता हूँ...

पर देखा है इश्क़ गौर से मैने...

मैं सामने वाले को भी जानता हूँ...!!

थोड़े जल्दी ही अहसास जुड़ जाते हैं...

सच्चे लोग अक्सर बातो में आ जाते हैं...

पर शर्म नही आती उनको...

एक मासूम से दिल को चिता पर लिटा जाती है...

Shayar Attri कितने प्यारे...

कितने ही पवित्र क्यों...

ये आशिकी जज्बात मिटा जाती है...!!

-अत्रि तिवारी

27. एक लड़का है जो मुझे मुझसे ज्यादा जानता है..

जो लफ्ज़ ज़ुबान तक नहीं आते मेरे वो उसे भी पहचानता है...
एक लड़का है जो मुझे मुझसे ज्यादा जानता है...

यूं तो कई लड़किया उस पर कोशिश करती है...
पर किसी को ना अपने करीब आने देता है...

कहता है मुझे वो हमेशा बस एक तू ही मेरी है...
वो मुझे अपना सब मानता है...

मेरी खूबियां और खामियां दोनों पता है उसे...
पर सबको वो मेरी खूबियां ही बताता है...
है एक पागल सा लड़का जो...
मुझे मुझसे ज्यादा चाहता है...

जब हम रोड पर साथ चले तो...
मुझे वो सैफ साइड रख अपना प्यार जताता है...
है बहुत गुस्से वाला वो...
पर मुझे गुस्सा नहीं दिखाता है...

कभी कभी तो बहुत परेशान करता है...
तो कभी बैठ पास मेरे अपना सुख दुख सुनाता है...
वैसे तो सबके लिए शायर है पर...
उसने क्या नया लिखा आज वो दिखाता है...

दोस्त है वो मेरा अच्छा वो भी मुझे इससे ज्यादा कुछ नहीं बताता है...
पर जिस दिन में ना खाऊं तो वो भी भूखा रह जाता है...

सूझ बूझ में है वो थम जाता है साथ मेरे जब दुनिया दूर मुझसे भागे है... पर जैसा भी है वो उसी से जोड़े मेरे दिल के धागे है...

-अत्रि तिवारी

28. बेकाबू क्रोध

क्रोध पर रख पाते काबू हम तो बात शायद सम्भल जाती...
इश्क़ की आंच जिंदा रहती अगर गुस्से की बर्फ पिघल जाती...

हसरतों पर रखते काबू हम तो इतनी तकलीफ ना होती हमें...
अपनी कश्ती को खुद चलाते तो उम्मीदों की लहरें ना डूबोती हमें...

कदमों पर रखना था काबू हमको काश हम वक़्त रहते ठहर जाते...
लालच की चाशनी से लालची ना होता मन तो कभी ना गुनाहों का ज़हर खाते...

ज़ुबान पर रखना था काबू हमको काश कि हम यूं ना बहकते...
शब्दों की कैंची बेकाबू ना होती तो रिश्तों के रेशे कभी ना सरकते...

काबू रखना है हर हाल में खुद पर बेकाबू सा मन हमसे छल कराए...
लगाम रहे हमेशा अपने जज़्बातों पर बेलागम ख्वाहिशों अक्सर ठोकर खाए...

-अत्रि तिवारी

29. मैं जब भी लिखता हूँ

आँख लिखता हूँ, होंठ लिखता हूँ और अदा लिखता हूँ...
मैं जब भी लिखता हूँ तो बस तुम्हारा चेहरा लिखता हूँ...

इत्तिफाकन कभी पढ़ो मुझको तो पता चलेगा तुम्हें...
ज़िक्र खुदा का जहाँ आये तो तुम्हें खुदा लिखता हूँ...

मेरी शायरी में जहाँ भी तुम्हारी ख़ामोशी का जिक्र आया....
लोग कहने लगे वहाँ की मैं बहुत गहरा लिखता हूँ...

माफ कर देना मेरी गुस्ताखियों को देख कर भी...
मैं अब भी अक्सर खुद को तुम्हारा लिखता हूँ...

जब जब भी तबीयत मेरी ज़रा सी बिगाड़ जाती है...
मैं तेरी तस्वीर को ही बस अपनी दावा लिखता हूँ...

-अत्रि तिवारी

30. मुझे मुकाम पाना है...

मुश्किलें कल भी थी, आज भी है और आगे भी रहेंगी इनसे
क्या घबराना है...
मुझे मुकाम पाना है...
चाहे जो हो जाए कुछ करके दिखाना है...
मुझे मुकाम पाना है ॥

टूटता हूं, गिरता हूं, रोता हूं संभलता हूं, अब हालातों को
सुधारना है...
मुझे मुकाम पाना है...
चाहे जो हो जाए कुछ करके दिखाना है...
मुझे मुकाम पाना है...

अब किसी से उम्मीद नहीं, किसी से लगाव नहीं, मुझे खुद
रास्ता बनाना है...
मुझे मुकाम पाना है...
चाहे जो हो जाए कुछ करके दिखाना है...
मुझे मुकाम पाना है...

मेहनत जारी है मेरी,अब किस्मत से टकराना है...
ना किसी के सामने हाथ फैलाना है...
मुझे मुकाम पाना है...
चाहे जो हो जाए कुछ करके दिखाना है...

मुझे मुकाम पाना है...

जो सोचे कुछ कर सकता नहीं, उन्हें कुछ बन के दिखाना है
उनका मुंह चुप करवाना है...
मुझे मुकाम पाना है...
चाहे जो हो जाए कुछ करके दिखाना है...
मुझे मुकाम पाना है...

चाहे जो हो जाए शायद कुछ करके दिखाना है...
मुझे मुकाम पाना है...

-अत्रि तिवारी

31. तुम अच्छे हो

तुम अच्छे हों,
तुम्हारे अंदर एक जज़्बात है
जो किसी में मैंने देखा नही,
चंचल हो पर सबको पूरा साथ देते हो
क्योंकि तुम अच्छे हो ।

हम तो सपनों को पूरा करने की सोचते है
पर तुम पूरा करने की कोशिश करते हो
क्योंकि तुम अच्छे हो
तुम दूसरे जैसे नही हो
तुम समझदार हो
और मेरे लिए अच्छे हो

हां किस्मत नही तुम्हें अपनाने की, तुम ऐसी ही अच्छे हो है...
शांत सा मन है तुम्हारा, कैसी दिखो पर तुम मुझे अच्छे ही
लगते हो क्योंकि तुम अच्छे हो ।

शायद मैंने तुम्हे नजर लगाई है पर क्या किया जाए...
उस नजर का जिसने तुम्हे हमेशा हँसता हुआ ही देखा है...
तुम्हे तो हर कोई रुलाता ही रहता है पर तुम फिर भी मुस्कुराते
हो...
हां क्योंकि तुम बड़ी अच्छे हो...

-अत्रि तिवारी

32. प्रेम

प्रेम यानी उसके मैसेज या कॉल आने पर दिल जोरों से धड़कना...

प्रेम
यानी हर समय हर पल उससे बात करने की लालसा जो कभी खत्म नहीं होती...

प्रेम
यानी किसी की गैरमौजूदगी पर भी उसको अपने करीब महसूस करना...

प्रेम
यानी उसको गलती से हाथ लग जाने पर बहुत डर जाना...

प्रेम
यानी अपनी सारी तकलीफ भूल उसे हँसाने के लिए खुद जोकर बन जाना...

प्रेम
यानी मेहंगे रेस्टोरेंट में ले जाने की जगह घर ले जा कर अपने हाथ की चाय पिलाना...

प्रेम
यानी किसी के साथ चलते हुए उसकी उँगलियों में उंगलियां फ़साने का दिल करना...

प्रेम
यानी साथी की गोद में सर रख बेफिक्र बालों से खेलना...

प्रेम
यानी उसके 'हाँ' बोलने की कोई उम्मीद ना होने पर भी उसके लिए बेहिसाब कविताएं लिखना...

-अत्रि तिवारी

---------------{2}---------------

तुम्हें तुम्हारा हाँथ पकड़ के अपने पास बिठाना है...
तुम जब तक न समझो मेरी दिल धड़कन की हरेक बात तब तक सीने से लगाना है...

मेरे लबों की मसरूफ़ियत को ख़ामोश कर...
मेरी जरूरतों को तुम्हें इशारों में समझाना है...

चाँद बड़ा खूबसूरत है लोग कहते है...
तुम्हें दुनियाँ की हरएक कोने से उस चाँद को दिखाना है...
फ़िर तुम्हे ये बताना है कि तुमसे खूबसूरत तो वो चाँद भी नहीं...
तुम्हें समनदर के किनारों से पहाड़ों की ऊंचाइयों तक...
मंदिर की आरती से मस्जिद की अज़ान तक, मुझे तुम्हें अपनी मन्नत बनाना है...

इस ज़िंदगी में हर तजुर्बा मुझे तुम्हारे साथ सीख कर जाना है...
बस इतनी ही तो मोहब्बत करनी है तुमसे कि
मुझे मेरी जिंदगी का हर एक लम्हा तुम्हारे साथ बिताना है...

-अत्रि तिवारी

प्रेम वो नही जो...
कह कर दिखाया जाये...
प्रेम वो है...
जो छुप कर निभाया जाये...
प्रेम वो आग है...
जिसे कभी बुझाया ना जाये...
प्रेम वो सुकून है...
जिसे कभी छोड़ा ना जाये...

प्रेम वो एहसास है...
जो हमेशा महसूस किया जाये...
प्रेम वह मंदिर है...
जिसके रोज़ पूजा की जाये...
प्रेम वह घर है...
जहा लोग खुशियों से जीते जाये...

जिसकी अनुभूति आँखों को नम्र करे...
"मैं" और "तू" को "हम" करें...
हृदयांतर को कम करे...
पत्थर को भी नरम करे...
वही प्रेम है...

एकांत के शोर को सुन ले...
सपनों से पहले हक़ीक़त बुन ले...
उनसे पहले खुद से मिल ले...
टूटे बंधन को फिर से सील ले...

वही प्रेम है!

प्रेम वो मंज़िल है...
जिसको पाने के लिए लोग कितनी मेहनत किये जाये...
प्रेम एक ऐसा रोग है...
जहाँ किसी गैर को अपना मान लेते है...
उसे अपना जहान बना लेते है...
उसके लिए जीते है...
उसको पाने के लिए तड़पते है...
उसके यादो मे हम बेचैन है...
उनके आगे नींदें भी हैरान है...
जहाँ जाओ तो उनकी सूरत दिखती है...
और हमारे साँसों में बस्ती है...

ओस की बूँद सी राहत दे जाए...
अंदर ही अंदर एक आहट दे जाए...
धूप में कोमल छाँव दे जाए...
इस भागते शहर से ठहरे गाँव ले जाए...
वही प्रेम है !

-अत्रि तिवारी

---------------{4}---------------

प्रेम...

क्या है यह प्रेम...

सृष्टि का सुंदर अनुभव...

एक अनूठा सा नाता एक मनमोहक बंधन... और भी बहुत कुछ है ये....!!

एक अनछुआ स्पर्श मन को भिगोता... आत्मा को छूने वाला -बिना किसी रिश्ते के... जोड़ने वाला मधुर संबंध.. !!

पुरुष का पुरुषत्व नारी का नारीत्व... बच्चे का बचपन इन सबको पूर्ण करता... मानव को मानव से जोड़ता... सचमुच अद्‌भुत है ये प्रेम...!!

न जाने क्यों अब ऐसा नहीं कहीं... स्वार्थ सिद्‌धि तो कहीं.... शारीरिक आकर्षण धन का... लालच तो कहीं कुछ पाने की... लालसा अब कुछ ऐसा है प्रेम ...!!

काश! प्रेम की परिभाषा समझ सकें.... हम सभी और मन की गहराइयों से बिना किसी शर्त या मतलब के... कर सकें सच्चा

प्रेम... और दें जीवन में उसे सही मायने....!!

-अत्रि तिवारी

---------------{5}---------------

प्रेम

जहां जरूरत नहीं होती बार बार अधिकार जताने की...
ना ही हर बार याद दिलाए जाने की...

ना ही शब्दों की भारी भरकम आधारशिलाओं की...
ये' प्रेम ' सतत है, बिल्कुल ज़मीनी...

ये प्रेम है

अपेक्षाओं' के बोझ से परे...

'बिन कही' समझ से भरे...
हुए केवल' होने भर' के एहसास से लबरेज़... और सिर्फ़ कहने के लिए कहने के दिखावे से दूर...

क्यूँकि मौन की सबसे मुखर आवाज पहुंच ही जाती है...
एक हृदय से दूजे तक बिन किसी आलंब के बिना किसी चूक के ||

और मुझे यकीं है...
एक रोज़ चांद सितारे तोड़ लाने के वादों से कहीं दूर...
हम तुम बैठे होंगे किसी सुकून भरे विश्वास में...
थामकर एक दूजे का हाथ...
सांसों के चलने तक...
इस " साथ के चलने की उम्मीद " का गा रहे होंगे कोई...

उजला दामन पकड़कर...
पुराने गीत जिसमें प्रेम हो...
और तब दूर कहीं फिजाओं में...
गूंज रहा होगा...
एक सहज...
मधुरिम शब्द...
प्रेम...

-अत्रि तिवारी

---------------{6}---------------

चेहरे पर तो अक्सर लोग मरते है... किसी का दिल देख कर... अपना दिल हार जाओ ... तो समझना कि प्रेम है...

दुआओं में उसे ना मांग कर... बस उसके लिए दुआएं कर पाओ... तो समझना की प्रेम है

चाहत में अक्सर हाथों में हाथ रख कर... साथ चलने कि शर्त रखी जाती है बिना किसी शर्त के किसी के साथ ज़िंदगी भर साथ चलने का इरादा रख पाओ... तो समझना कि प्रेम है...

उस शख्श से प्यार मिले या ना मिले... मगर उसपे बिन मतलब अपना प्यार लुटा पाओ... तो समझना कि प्रेम है...

भले कभी तुम उसकी नज़र में भी ना उतर पाओ... मगर वो तुम्हारे रूह में उतर जाये... तो समझना कि प्रेम है...

उसे पाने की चाहत ना रख कर... सिर्फ उसे चाहने कि आदत हो... तो समझना कि प्रेम है...

अगर मोहब्बत जिस्मानी ना होकर... रूहानी हो... तो समझना कि प्रेम है...

-अत्रि तिवारी

---------------{7}---------------

चाहे सारी दुनिया भी हासिल हो तुम्हें... पर तुम्हारी नज़रें बस एक चेहरे को ढूँढे... तो समझना प्रेम है...

जब उसका दर्द देख कर... तुम्हारा हँसता चेहरा आखों को भीगा दे... तो समझना प्रेम है...

वो चाहे कितनी भी दूर हो पर उसका एहसास... हर पल तुम्हें उसके करीब रखे... तो समझना प्रेम है...

इस भागदौड़ भरी जिंदगी में तुम... किसी का हाथ पकड़ कर ठहर जाओ... तो समझना प्रेम है...

मेरी शायरी को पढ़ते हुए भी तुम... अगर किसी शख़्स को सोच रहे हो... तो समझना प्रेम है...

-अत्रि तिवारी

--------------{8}--------------

रुला दे कभी तुम्हें जो किसी की यादें...

तो समझना प्रेम है...

बेवजह रूखे होंठो पर मुस्कान ला दे जो किसी की यादें...

तो समझना प्रेम है...

आधी रात तुम्हारी नींद उड़ा दे जो किसी की यादें...

तो समझना प्रेम है...

हारती जंग में जीतने का हौसला दे जो किसी की यादें...

तो समझना प्रेम है...

अंधेरी रात में दिए से जगमगाए जो किसी की यादें...

तो समझना प्रेम है...

मौत के करीब आ कर भी जीने की वजह दे जो किसी की यादें...

तो समझना प्रेम है...

किसी के जाने के बाद भी तुम्हें सताय जो उसकी यादें...

तो समझना प्रेम है...

-अत्रि तिवारी

33. तू है साथ तेरे

मुश्किल वक्त में तू है साथ तेरे,
कोई ना समझेगा जज्बात तेरे,
चलती रहे बस बिना डरे । ।

रास्ता तेरा है,
मंजिल तेरी है,
लोग क्या कहेंगे?
कौन क्या सोचेगा?
इससे क्या मतलब है!
तू ठंड में बिन कम्बल के सोई थी,
रात भर भूख से रोई थी,
तब कहा थे ये लोग भला ।।

सही क्या है?
गलत क्या है ?
तुझे है सब पता,
सोच वही, कर वही,
जिससे हो तेरा भला ।।

खुद के लिए लड़,
बना अपनी जगह, तू साथ तेरे है,
फिर कैसी है चिन्ता !

तू साथ तेरे है,
याद रख कर अपना भला ।।

-अत्रि तिवारी

34. किरायेदार

चलो जाने देते है..... हम किरायेदार कब तक लड़ेंगे...
चार दीवारी, एक छत लिए बैठे है... इसका किराया हम कब
तक भरेंगे?

तुम्हारा घर थोड़ी है... जो बिना किराये दिए रहोगे...
तुम किरायेदार थे, किरायेदार हो... और किरायेदार ही रहोगे...

ये अपनी छत नहीं... फिर क्यों हर बार इसे सजाता हूं...
मैंने तो अपना घर सा समझा... फिर भी क्यों किरायेदार
कहलाता हूं? सही भी हैं शायद अपनी छत का सुख नहीं...
यूँ तो मुझको किरायेदार होने का भी दुख नहीं... पर फिर भी
एक चीस दिल मे लिए कहता हूं... मै अपने घर की उम्मीद
लिए बैठा हूं...

क्या मिल पाएगा ये सुख? या दरबदर की ठोकरे ही मिलेगी...
नहीं दे पाए जो तुम किराया, फिर धमकिया भी तो सुन ने को
मिलेंगी..... छोड़ दो, खाली करदो, तुम पर पैसे नहीं...
ऐसी बहुत सी गाली तुमको सहनी पड़ेंगी।

-अत्रि तिवारी

35. इंतज़ार

तुम्हारा इंतज़ार...
तुम्हारी स्माइल का इंतजार...
तुम्हारी बातो का इंतजार...
ओवर ऑल सिर्फ और सिर्फ तुम्हारे प्रेम का इंतजार...

बस यही तो है दुनिया मेरी...
या कहे यहीं तक है दुनिया मेरी...
हां हां मुझे मालूम है...
जब भी प्रेम में इंतज़ार की बात होती...
सब के जहन में मीरा का नाम आता...
नाम आता उनकी अनन्य प्रेम भक्ति का...
नाम आता भगवान कृष्ण के प्रति उनके अपार प्रेम का...

पर हमारा तुम्हारे लिए इंतज़ार भी
किसी मीरा के इंतज़ार से कम नहीं...
जहां हमे पता है तुम इस जनम में तो क्या...
आने वाले अगले जनम तक मेरे नहीं हो सकते...
फिर भी तुम्हारा गली से निकलने को इंतज़ार करते है...
की कब तुम निकलो और हम तुम्हे देखे...।

कॉलेज जाते वक्त रास्ते भर यही सोचा करते है. . काश तुम
दिख जाओ और

हमारा दिन और खास हो जाए.. क्युकी तुम ही तो मेरे लकी चार्म हो...

पर हमारा वो इंतज़ार हमेशा इंतज़ार ही रह जाता...
शायद तुम्हे पसंद नहीं हमारा प्रेम...
और प्रेम में डूबी हुई कलम से निकली...
हमारी ये रचनाएं..।

पता है तुम्हे तुमसे मेरा प्रेम एक दम स्कैलार क्वांटिटी की तरह है...

जिसमें सिर्फ और सिर्फ मैग्नीट्यूड है..... कोई डायरेक्शन नहीं।

खैर हमारा काम है इश्क़ करना... तुम्हारा इंतज़ार करना...
बाकी तुम्हे भुला दे इतना कच्चा मेरा प्यार नहीं । ।

-अत्रि तिवारी

36. दुनिया के रंग

दुनिया भरी है रंगो से फिर भी बेरंग ही दिखती है,
जैसी है वो अंदर,, वैसी थोड़ा कम ही दिखती है।।

खैर,,बहुत प्यारे प्यारे रंग है हमारी दुनिया में चलो सबका एक एक कर हिसाब देता हूं... सतरंगी दुनिया के किस्सो पर मैं जरा फ़्लैश लाइट ऑन कर देता हूं।।

दुनिया में विस्तृत है अनेकों रंग...
थोड़े भरे हुए है भ्रष्टाचार से, तो थोड़े खिल रहे घूस केसेज के संग।।

कहीं दिख रही पैसों की चमक अमीरों के चेहरों पर,
तो कहीं गरीब पड़ रहे हल्के करते करते दो रोटियों के लिए जंग ।।

विधवा तड़प रही सफेद वस्त्रों को संवारते संवारते...
तो वहीं सुहागन की अर्थी उठ रही,, ढक कर लाल वस्त्रों से उसका अंग ।।

खुद फेंक कर एसिड लड़की के चेहरे पर कर रहे उनके चरित्र पर व्यंग...
जबकि काला तो हो चुका है उनके जीवन का रंग...

और बताइए कहां मिलेंगे एक साथ इतने रंग और भी रंग है दुनिया में जिन्हें दिखाना इतना आसान नहीं... नफरत मिल रहे राहों में, और मोहब्बत का नामो निशान नहीं।

-अत्रि तिवारी

37. छोड़ो ना यार

छोड़ो ना यार हर वक्त का रूठना मनाना...
यूं छोटी छोटी बातों पर इतना दुःखी होना!!

छोड़ों ना यार लोगो का सुनना...
सुनाना लोगों के जानें का शोक मनाना !!

बेवजह अपने आप को चोट पहुंचाना...
कोई नहीं समझेगा दिल का हाल यहां खुद को संभालना...
ख़ुद ही हैं, तो छोड़ों ना यार!!

यूं पुरानी बातों को दिल से लगाना...
अपने जख्म को हरे करना यूं जज़्बातों को अन्दर ही अन्दर
आंसुओं में बहाना...
छोड़ो ना यार......

हर वक्त का सुनना सुनाना...
लोगों की आजमाइश बन जाना...
अपने लिए गड्ढे खोदना...
छोड़ों ना यार!!
अब शुरू करों नया कारवां...
वहीं उन पुराने दिनों की तरह ।

-अत्रि तिवारी

38. तुम कुल्हड़ चाय की चुस्की हो... मैं तलब लगा एक सुट्टा हूँ।

तुम अंग्रेजी व्हिस्की का खंबा हो, मैं देसी ठरों की बोतल हूँ,
तुम दिल्ली यूनिवर्सिटी की शहजादी हो, मैं विद्यापीठ का लोकल हूँ,
तुम घाट इस पार की भीड़ हो, "मैं उस पार का सन्नाटा हूँ,
तुम कुल्हड़ चाय की चुस्की हो, मैं तलब लगा एक सुट्टा हूँ।

तुम रात की प्यारी चाँदनी हो. मैं हलते सूरज की लाली है,
तुम डोमिनोज में लगती टैक्स हो, • मैं कपड़ी पर मिलता बट्टा है
तुम कुल्हड़ चाय की चुस्की हो, "मैं तलब लगा एक सुट्टा हूँ।

तुम बड़े रेस्टोरेंट की चिल्ली पटेटो मैं सड़क पर बिकता समोसा हूँ,
तुम मैकडॉनल्ड की बर्गर हो मैं दिल्ली का सस्ता सा डोसा हूँ,
तुम राजभोग सी मीठी हो, मैं इमली जैसा खट्टा हूँ,
तुम कुल्हड़ चाय की चुस्की हो, मैं तलब लगा एक सुट्टा हूँ।

तुम जारा की शॉपिंग हो, मैं सेल में मिलता कपड़ा हूँ,
तुम आपस में होते समझौते सी, मैं लौंडों में होता लफड़ा हूँ,

तुम जेम्स बॉन्ड की पिस्टल सी, मैं मिर्ज़ापुर का कट्टा हूँ,
तुम कुल्हड़ चाय की चुस्की हो, मैं तलब लगा एक सुट्टा हूँ ।

तुम बहती गंगा सी शीतल हो, मैं एक झरने का पानी हूँ,
तुम किसी लेखक की उपन्यास हो, मैं खुद की लिखी कहानी हूँ,
तुम हरिचंद्र सी सच्ची हो, मैं सरकार सा एक झूठा हूँ,
तुम कुल्हड़ चाय की चुस्की हो, मैं तलब लगा एक सुट्टा हूँ ।

-अत्रि तिवारी

39. हां, ये सच है मुझे तुमसे एक तरफा प्यार है,

सुनो, तुमसे कुछ पूछना हैं
क्या तुम वहीं हो जिसे देखने के बाद किसी को देखने का मन नहीं करता?
क्या तुम वहीं हो जिसे सोचने के बाद कुछ और सोचने का मन नहीं करता?

वो ख़वाब जिसके आने से नींद ऐसी आती हैं...
कि जागने से नफ़रत हो जाती हैं...
वो सांस जिसके लेने के बाद की ताज़गी
ऐसी है...
कि सूखा हुए पेड़ भी हरा भरा दिखने लग जाता हैं...

वो चेहरा जो हर रात मेरे तकिए पर सोने से पहले बनाता हूं,
क्या तुम वहीं हो जिसकी बात में हर बात में ले आता हूं?

हां, तुम शायद वहीं हो क्योंकि
ये बात कहते हुए मेरी आंखे मुझे
तुम्हारे सिवा कुछ ओर दिखाने से इन्कार रहीं हैं।
मानो की इससे खूबसूरत
आज तक कुछ देखा ही ना हो,

मेरा दिल पहले से तेज़ धड़क रहा है
मानो कह रहा हो ये
जो कुछ भी हो रहा है वो पहली ओर आख़री बार हो,
मेरे कान मुझसे कह रहे हैं कि जो आज तक सुना वो सब बेकार है,
मेरे हाथ अपनी हथेली में तुम्हारा नाम इस तरह ढूंढ़ रहे है...
मानो कोई रूई के ढेर में सुई ढूंढ़ रहा हो,

मेरी बाहें तुम्हारे लिए इस तरीक़े से तरस रही है...
मानो अंधेरे में छोटा बच्चा डर रहा हो... और इतना सब कुछ हो जाने के बाद भी... तुम्हें पाने या ना पाने का ख़याल भी मुझसे कोसों दूर है...
हां, ये सच है...
मुझे तुमसे एक तरफा प्यार है...

तुम्हारे दिल में क्या है मुझे नहीं जानना,
तुम्हारे दिल में कोन है मुझे नहीं जानना... बस इतना बता दो
क्या तुम वहीं हो जिसकी मुझे तलाश है?
फिर तुम्हारा फ़ैसला जो भी हो मुझे नहीं जानना...

और इतना सब कुछ कह जाने के बाद भी... मुझे तुम्हे पाने या ना पाने कि हसरत नहीं है... क्योंकि मुझे तुमसे प्यार करने के लिए... मुझे तुम्हारी ज़रूरत नहीं है...

मेरा यकीन करो तुम... मैं तुमसे दूर रहकर भी ख़ुश रहे सकता हूं...
तुम्हारी आंखों में जो पानी भरा है...

उसमें किसी बेशुद्ध मछली की तरह तैर सकता हूं...

-अत्रि तिवारी

40. इश्क़

इश्क़ को समझा नहीं वो जब इश्क़ करने चला...
इश्क़ आया जब समझ में इश्क़ में मरने चला...

इश्क़ को देखा जो छूकर इश्क़ में आया मज़ा...
इश्क़ जिसको ना मिला वो इश्क को कहता सज़ा...

इश्क़ की अपनी अदा है इश्क़ का अपना नशा...
इश्क़ जिसको हो गया है इश्क़ का उसको पता...

इश्क़ है इक रोग तो फिर इश्क़ ही उसकी दवा...
इश्क़ है इत्र तो फिर इश्क़ से महके हवा...

इश्क़ से हैं दर्द सारे इश्क़ से हैं हर हँसी...
इश्क़ से हैं ग़म सभी और इश्क़ से ही हर खुशी...

इश्क़ में जो डुबा नहीं इश्क़ से अंजान है...
इश्क़ की नज़रों में वो बस नाम का इंसान है...

-अत्रि तिवारी

41. ऑनलाइन इश्क़

उसकी टाइपिंग पर ख़ुशी से कांपती तुम्हारी उंगलियाँ...
इश्क़ है...

उसकी न्यू प्रोफाइल पिक्चर को घंटों तक देख कर मुस्कुराना...
इश्क़ है...

बात करने की अनगिनत ख्वाहिशों के बीच ऑनलाइन होकर भी
चीखती खामोशियों...
इश्क़ है...

ज़रा सी आहट पर फोन पकड़ बैठ जाना वो नोटिफिकेशन की
टनटनाती घंटियां...
इश्क़ है...

कैसे हो? पूछने पर मैं ठीक हूँ लिख कर मिटाना मिटा कर
लिखना...
इश्क़ है...

लंबी लंबी बातों में हम्म और ओके सुनने पर बुरा लगना...
इश्क़ है...

उसका नाम सुन कर धड़कनों का बढ़ जाना शायर और उसका
नाम ले लेकर तुम्हें चिढ़ाना...

इश्क़ है...

कॉल आने पर पागल सा हो जाना घर से बाहर निकल कर
उससे बतियाना...
इश्क़ है...

सुबह उठ कर सबसे पहले फोन में उसका कोई मैसेज या कॉल
की उम्मीद रखना...
इश्क़ है...

-अत्रि तिवारी

42.थैंक्स, मुझे अपना बनाने के लिए...

थैंक्स
मुझे अपना बनाने के लिए...
थैंक्स
मुझ से दिल लगाने के लिए...

थैंक्स
मुझे अपनी कसम देख कर खाना खिलाने के लिए...
थैंक्स
मुझ पर अपनी केयर दिखाने के लिए...

थैंक्स
जब जब मैं रूठा मुझे मनाने के लिए...
थैंक्स
मुझे पर हक़ जताने के लिए...

थैंक्स
मुझ से कोई बात न छुपाने के लिए...
मुझे किसी भी मुसीबत में छोड़ न जाने के लिए...

थैंक्स
मेरी जिंदगी में रंग भरने के लिए...
थैंक्स
मुझे अपने दिल में रखने के लिए...

थैंक्स
मुझ पर इतना मरने के लिए...
थैंक्स
मेरे सारे दुःख हरने के लिए...

थैंक्स
मेरे साथ बैठ बात करने के लिए...
थैंक्स
मेरे लिए दूसरे से लड़ने के लिए...

थैंक्स
मेरी जिंदगी से दुःख भगाने के लिए...
थैंक्स
मेरी जिंदगी में खुशियां लाने के लिए... थैंक्स
जब मैं ऑफिस से थक कर आता हूं मेरा उस वक़्त सिर दबाने के लिए...
थैंक्स
मेरी तबीयत खराब होने पर खुद को रात में जगाने के लिए...

-अत्रि तिवारी

43. R.I.P राहत

सुबह उठ कर देखा लफ़्ज़ राहत की
राहत को तंग कर रहे थे...
लबों से उनके कौन कितना मशहूर हुआ, ये ही जंग कर रहे
थे...

रिश्तों को बर्बाद करने का अंदाज तो सिर्फ इश्क की चाहत में
है,
लिख के बेज़ानों में जान डालने का अंदाज़ तो सिर्फ राहत में है

आवारगी में 'राहत' के लफ़्ज़ कह रहे, नहीं हम आवारा नहीं,
'राहत' की ही आवाज़ चाहिए, हमें इससे कम कुछ गवारा नहीं...

आसमां बरस कर रो पड़ा, अब उसके लबों को राहत चाहिए,
अब जंग मत करो, अब हमारे राहत को सुकून ए राहत चाहिए

राहत थे तभी तो तिनके तिनके से बिखरे शब्द दुनिया की
चाहत बने...
बेबाक अंदाज़ के ताज शायद ही अब कोई मिजाज ए राहत
बने...

बिखर के लफ़्ज़ों की मालाएं राहत के जिस्म से लिपट गई...
ज़िद में की दफन करो हमें भी इस ख़ामोश में यूं वो सिमट

गई...

लफ़्ज़ों ने ऐलान किया है, राहत को हम सदियों तक जिंदा रखेंगे...
रह रह के गूंजेंगे हम उनकी आवाज़ में ए बीमारी तुम्हें हम शर्मिंदा करेंगे...

दफन कर दिया जिस्म ए राहत को, सगे सारे घर लौट आए...
लफ़्ज़ बैठे है घेरे उनको कब्र पर की अब हमे भी यही मौत आए...

शायरों के दिलों में बसे आप, खुदा के मन को भी छुआ है...
राहत को सुकून ए राहत मिले बस यही हम सबकी दुआ है...

-अत्रि तिवारी

44. अरे हां हां मैं खुश हूं...

कुछ तकलीफ़ है कुछ परेशानी है...
कभी कभी चेहरे पर उदासी है...
फिर भी मैं शायद खुश हूं...
अरे हां हां मैं खुश हूं...

जिंदगी कुछ बदल सी गई है...
जैसी चाहिए थी उससे कुछ पलट सी गई है... कभी कभी अपना
सोचा पूरा नहीं होता है...
ये बात सोच के दिल कई पर रोता है...
पर फिर भी शायद खुश हूं...
अरे हां हां मैं खुश हूं...

हाथ में तंगी है...
बाजारों में बंदी है...
बीमारियों का खौफ है...
लोग मजाक करते भाई तेरी तो मौज है...
फिर भी शायद मैं खुश हूं...
अरे हां हां मैं खुश हूं...

कई आए मेरी जिंदगी में...
तो कई छोड़ के भी गए है...
कईयों ने हंसना सिखाया...

तो कईयों ने जी भर कर रुलाया..
कईयों ने दिल में मुझे बसाया भी है...
तो कईयों ने दिल तोड़ा भी है...
पर फिर भी शायद मैं खुश हूं...
अरे हां हां मैं खुश हूं...

अपनी की ग़लतियों को छुपाता भी हूं...
फिर बाद में उन ग़लतियों पर पछताता भी हूं...
कभी बिन आंसू के रोता भी हूं...
कभी कभी उन आसुओं के साथ हंसता भी हूं...
पर फिर भी शायद मैं खुश हूं...
अरे हां हां मैं खुश हूं...

घर की जिम्मेदारियाँ भी है सर पर...
दोस्तों की उधारीयां भी है मुझ पर...
जेब में मेरी खालीपन है...
दिमाग में मेरे भविष्य का भारीपन है...
पर फिर भी शायद मैं खुश हूं...
अरे हां हां मैं खुश हूं...

-अत्रि तिवारी

45. वो पहली मुलाकात

कुछ घबरा वो भी रही थी हाथ मिलाने में...
कुछ शर्मा मैं भी रहा था गले मिलाने में...

कुछ खामोश वो भी थी...
यह कुछ उदास मैं भी था...

कुछ आंखे उसकी भी नम थी...
कुछ गला मेरा भी भर आया था...

कुछ सवाल उसे भी पूछने थे...
कुछ जवाब मुझे चाहिए थे...

फिर आखिर में दोनों एक साथ बोल पड़े...
कैसे हो आप?

-अत्रि तिवारी

46. स्क्रीनशॉट...

अपनी बातों को समझाने का आसान तरीका बन गया है
स्क्रीनशॉट...
आज के दौर में सबूत दिखाने का जरिया बन गया है
स्क्रीनशॉट...

किसी को जन्मदिन की बधाई देने हो तो भी लोग स्टैटस पर
लगाते है स्क्रीनशॉट...
फोटो ना मिले उसकी तो प्रोफाइल से ले लेते है स्क्रीनशॉट...

किसी ने हमसे क्या कहा और हमने उससे क्या कहा...
कहीं भूल ना जाए किसी वक़्त तो रख लेते हैं स्क्रीनशॉट...

कोई अच्छी लगी फोटो या किसी को भेजने तब भी लेते है
स्क्रीनशॉट...
अगर कोई फोटो हटाना है तो उससे पहले लेते है स्क्रीनशॉट...

शायद आज कल भरोसे का दूसरा नाम है स्क्रीनशॉट...
किसी की लिखी बात कोई पसंद आए तो पहला काम है
स्क्रीनशॉट...

किसी से वीडियो कॉल करते समय लेते है स्क्रीनशॉट...
लूडो की गेम में जीते तो लेते है स्क्रीनशॉट...

कोई अपनी बात से कहीं मुकर ना जाए उसकी बातें याद दिलाने के लिए लेते है स्क्रीनशॉट...

दोस्तों से या घर वालों से कितनी बात हुई दिखाने के लिए लेते है स्क्रीनशॉट...

-अत्रि तिवारी

47. सोचो

सोचो
अगर मेरे हाथ में कोई हाथ हो...
और वो हाथ तुम्हारा हो...

सोचो
अगर मेरा सरनेम किसी के नाम के साथ लगा हो और वो नाम तुम्हारा हो...

सोचो
अगर मेरा एक घर हो और वो परिवार तुम्हारा हो...

सोचो
अगर मैं किसी को बेइंतहा प्यार करू और उस पर हक बस तुम्हारा हो...

सोचो
अगर मैं किसी की बहुत फिक्र करू और वो फिक्र तुम्हारा हो...

सोचो
अगर मैं किसी से देर रात फोन पर बात करू और वो फोन कॉल तुम्हारा हो...

सोचो
अगर मैं किसी का घंटो इंतजार करू और वो तुम्हारा हो...

सोचो
अगर मेरा कोई सपना सच हो और वो सपना तुम्हारा हो...

सोचो
अगर मैं किताब कोई लिखूं और उसके हर पन्ने पर जिक्र तुम्हारा हो...

-अत्रि तिवारी

48. चेहरे...

ये फिल्टर के पीछे छिपे चेहरे,
ये रंगीनियों में छिपे चेहरे...
हकीकत को पर्दो से ढकते है ये,
हसीं और खुशी में सने चेहरे...

कि लगते नही है खतरनाक,
सभी मुस्कुराते हुए चेहरे...
मैं हर एक को याद कैसे रखू,
नजर रोज़ आते नए चेहरे...

-अत्रि तिवारी

49. आज कल

हां खूबियां एक भी नहीं पर कमाना अच्छा है...
किसे पता क्या हो तुम अंदर से तुम्हे तो दिखाना अच्छा है...

ज़माना सही में आधुनिक होता जा रहा है
पर मानसिकता पहले से भी खराब हो गई है...
बड़े बड़े दिखावे करने वालो के लिए जरुरी आज शराब हो गई हैं...

वयस्क लोग तो कार्टून देख रहे है...
बड़े अचरज की बात है बच्चे प्रेम में पड़ रहे है...

-अत्रि तिवारी

50. चिट्ठी

चूं चर्र चूं चर्र करती थी उसकी साइकल बहुत पुरानी...
लाता था चिट्ठी गालियों में रुत होती थी बहुत सुहानी...

चिट्ठी आई चिट्ठी आई शोर गली में मच जाता था...
जिसकी चिट्ठी आती थी वो फूला नहीं समाता था...

फौजी की जब चिट्ठी आती बुढ़ी मैया रो पड़ती थी...
कब आओगे तुम घर लल्ला वापस में बस ये लिखवाती थी...

बेसब्री से सब करते थे इंतजार अपनी चिट्ठी का...
सुख दुख का सन्देशा लाना यही काम था बस चिट्ठी का...

काग़ज़ का नहीं वो टुकड़ा था भावों का संगम थी चिट्ठी...
देश रहो या परदेश रहो याद दिलाती थी चिट्ठी...

न ही डाकिया ना चिट्ठी की रही रौनक इस दुनिया में...
एसएमएस और व्हाट्सएप का सिक्का चलता अब इस दुनिया में...

क्या वो सुख संतोष आज है चिट्ठी से जो मिलता था तब...
पल में हाय पल में हैलो पल में गुस्सा हो जाते अब...

चिट्ठी की महिमा थी न्यारी प्यारा था वो ताना बाना...
समता सरकारी कामों में अब चिट्ठी का आना जाना...

-अत्रि तिवारी

51. जिन्दगी

जिन्दगी में कुछ लोग ऐसे भी होते हैं...
जिन्हें हम पा नहीं सकते, बस चाह सकते हैं...

जिंदगी में ऐसे भी वक़्त होते हैं...
जिसमें पूरी जिंदगी बदल जाती है, पर वक़्त नहीं बदलता...

जिंदगी में ऐसे भी ख़्वाब होते हैं...
जिसमें उम्मीद तो रहती है, पर वो पूरे नहीं होते...

जिंदगी में ऐसे भी तजुर्बे होते हैं...
जिसमें खुद बर्बाद हो जाते हैं, पर औरों को सम्भाल जाते हैं...

जिंदगी में ऐसी भी पल होते हैं...
जिसमें हम जीत तो सकते हैं, पर हारना बेहतर होता है...

जिंदगी में ऐसे बातें भी होती है...
जिन्हें बताया नहीं जाता, बस महसूस किया जाता है...

जिंदगी में कुछ ऐसी किस्से भी होते हैं...
जिन्हें दिखाया नहीं जाता, बस छुपाया जाता है...

जिंदगी में कुछ ऐसी भी राह आती है...
जब चलना नहीं, बस रुक जाना चाहिए...

-अत्रि तिवारी

52. लड़की...

छोटे से गांव से आकर शहर में नाम कमाती वो लड़की...
सब को मुंह तोड़ जवाब देती कोई करे जुर्म तो कैसे सह जाती वो लड़की...

लड़के दोस्त भी है उसके पर किसी के हाथ ना आती वो लकड़ी...
कॉकरोच से जो डर जाती कभी कभी समय आने पर अपना दुर्गा रूप दिखाती वो लड़की...

जिनका ग़रीब का लोग हक़ मार लेते...
बन वक़ील उनको उनका हक़ दिलाती वो लड़की...

जिस देश में लड़के नशे में डूबे हैं उस देश में घर चलाती वो लड़की...
ऑफिस का काम करके जब वो आती फिर घर का चूल्हा चौका जलाती वो लड़की...

हर महीने का पीरियड्स का दर्द सहते हुए चांद पर जा कर भारत का नाम बढ़ाती वो लड़की...
लड़कियां पैसे पर नहीं मरती लड़के पर अपनी जान लुटाती वो लड़की...

घर वालों से ना कोई बात छुपाती वो लड़की अपने बेस्ट फ्रेंड को हर बात बताती वो लड़की...
करती सबकी मदद हर समय पर कभी एहसान ना जताती वो लड़की...

तकलीफ़ होती है उनकी जिंदगी में पर रोने की जगह, खुशियों से हाथ मिलाती वो लड़की...
खुद कमाती है वो ना माँ बाप का पैसा उड़ाती वो लड़की...

झूठी इस दुनिया को बन टीचर सच्चाई का पाठ पढ़ाती वो लड़की...
कोई भी रिश्ता हो दुनिया का बख़ूबी हर रिश्ता निभाती वो लड़की...

करती अगर किसी से मोहब्बत तो बस उसकी के साथ समय बिताती वो लड़की...

-अत्रि तिवारी

53. हमारे भारत में फिर एक बलात्कार हुआ है...

बोल ना सके इसलिए पहले जीभ काटी फिर उसकी रीढ़ की हड्डी पर जोरदार वार हुआ है...
ये करके उन अपराधियों का अपने ना पकड़े जाना का अंहकार हुआ है...

चलो मोमबत्ती ले कर निकलते हैं हमारे भारत में फिर एक बलात्कार हुआ है...
पर ऐसा तो नहीं है जनाब ये पहली बार हुआ है...

फिर दोबारा भारत इंसान की इंसानियत से शर्मसार हुआ है...
हर बार की तरह इस बार भी इन भेड़ियों से एक बच्ची का शिकार हुआ है...

एक रूह ही तो मरी है कौन सा हिन्दू मुस्लिम का बवाल हुआ है...
कुछ कहते हैं लड़कियां छोटे कपड़े पहनती है इसलिए उसका ये हाल हुआ है...

देख कर उनकी भी रूह कांप गई फिर गुस्सा हमारा परवर्दिगार हुआ है...

हां हमारे भारत में फिर एक बलात्कार हुआ है...

फिर इन हवस के शिकारियों का अच्छा कारोबार हुआ है...
फिर खून से भरा हर एक अखबार हुआ है...

मनीषा हम तुम्हारे साथ है तुम्हारा हर दोषी गिरफ्तार हुआ है...
सारे दुनिया में तुम्हें इन्साफ दिलाने के लिए हाहाकार हुआ है...

फिर एक बच्ची पर अत्याचार हुआ है...
भारत में फिर एक बलात्कार हुआ है...

-अत्रि तिवारी

54. तुम्हारा दिल

तुम्हारा ये दिल मैंने सम्भाल रखा है...
बच्चों की तरह इसे मैंने पाल रखा है...

तुम्हारा दिल रख लिया मैंने सीने में...
खुद का दिल मैंने निकाल रखा है...

सम्भाल कर रखता हूं कहीं कोई ना जाए दिल तेरा...
तेरे दिल का खुद से ज्यादा मैंने ख्याल रखा है...

तेरी सेहत की मुझे बहुत ज्यादा चिंता है...
तभी तो तेरे पीने का पानी भी मैंने उबाल रखा है...

खुदा ने हमें मिलाया है कई अड़चनों के बाद...
खुदा ने भी कर कितना कमाल रखा है...

-अत्रि तिवारी

55. वो अनजान थे कभी... अब हमारी जान बन गए हैं...

था देखा चेहरा पहली दफा...
अब अच्छे से पहचान ने लगे है...
जानते भी नहीं थे जिन्हें कभी...
अब उनके बारे में सब कुछ जान ने लगे हैं...!

हमारी छोटी सी जिंदगी का...
अब पूरा जहान बन गये हैं...
वो अनजान थे कभी...
अब हमारी जान बन गए हैं...

अरे हकीकत है सारी की सारी...
कोई सपने नही है वो...
बातें करके लगता ही नही है उनसे...
कि अपने नही है वो...

गुमशुदा से रहते थे हम...
वो मिलकर हमसे हमारी पहचान बन गये हैं...
वो अनजान थे कभी...
अब हमारी जान बन गए हैं...

खामोशियों में थे जीने वाले हम...
ना खबर थी कि इतनी आवाज करेगें वो...
सोचा था यूँही बाते करते हैं...
किसको पता था दिल पर एक दिन राज करेंगें वो...

बहुत छोड़े फिर तीर SHAYAR ATTRI ने भी इश्क के...
जबसे वो हमारी कमान बन गये हैं...
वो अनजान थे कभी...
अब हमारी जान बन गये हैं...

-अत्रि तिवारी

56. उससे आज मुलाकात हुई... आखिरी बार आखिरी बात हुई...

उससे आज मुलाकात हुई...
आखिरी बार आखिरी बात हुई...
लगे निकलने आंसू जब भीड़ में आँखो से...
थी फिक्र उस ख़ुदा को मेरी उसी वक्त बरसात हुई...

शहर की हर गली...
आज ताने मार रही है...
अटूट अमर सी एक मोहब्बत...
आज एक से हार रही है....

उजाले से भरी इश्क के खूबसूरती की...
ना जाने क्यूँ काली रात हुई...
उससे आज मुलाकात हुई...
आखिरी बार आखिरी बात हुई...

क्यूँ बैठा है से शायर उसकी गलियों में...
पागल अपने घर क्यूँ नही जाता...
जनाब मैने पूछा...
जीऊगाँ कैसे तुम्हारे बिना...
दिल पर पत्थर मार के बोली...

तू मर क्यूँ नही जाता...

माना करी थी मोहब्बत सच्ची...
हाँ जान तक लुटा रखी थी...
एक तेरे नाम के खातिर...
ATTRI ने हस्ती अपनी मिटा रखी थी...

और हाँ अब मरुगाँ नही...
तय करके अकेले दिल्लगी दिखाऊँगा...
और तू जा सो जो बांहों में उस रकीब की... अफसोस करने के
लिए मिलना कुछ वक्त बाद...
होती क्या चीज है तूझे जिंदगी दिखाऊँगा...

तेरी यादें ज्यों ज्यों आयेगी...
उन्हें त्यों त्यों जलाऊगाँ...
भले मुझे चीरना पडे, ये दिल मेरा...
पर इसपे से तेरा नाम जरूर मिटाऊँगा...

याद रखना

-अत्रि तिवारी

57. ना यार मिला ना प्यार मिला... बस जहाँ मिला इंतजार मिला

ना यार मिला ना प्यार मिला...
बस जहाँ मिला इंतजार मिला...
जहाँ रूह पसंद आई...
वही जिस्मो का व्यापार मिला...

मतलबी दोगला संसार मिला...
जहाँ रहे दो भाई...
मिल जुल बिन मतलब के...
ऐसा एक भी ना परिवार मिला...

जगह - जगह पर...
बेटी बचाने का अभियान मिला...
सोच में जिनके थी गंदगी...
उन्ही के मुंह से इस पर ज्ञान मिला...

ना मिली इंसानियत...
ना कोई इंसान मिला...
हो रही बातें सुख दुःख की जहाँ...

वहाँ भी दिवारो के कान मिला...

दोस्ती के नाम पर...
सिर्फ शराब का जाम मिला...
ना होता काम यहाँ कायदे से...
जहाँ भी गया मुझे चलता किसी का नाम मिला...

हाँ दुनिया के अंदर चमकती...
अपनी फौज नम्बर चार मिली...
आँख उठा के देखी भारत की इज्जत पे...
उनकी लाशे तैयार मिली...
पर शहीद की कहानी का...
ना सार मिला...
जान गँवाई जिसने बार्डर पर...
उस शहीद का भी परिवार लाचार मिला...

आजकल एक पे ना होता...
वो विश्वास मिला...
देखा भी नही मुझे...
मेरी फकीर जेब थी...
आये पैसे पास मेरे...
बंदा वही मुझे मेरे पास मिला...

'बचा है इतना सा मतलब जिंदगी का...
देख इन सबको एक अहसास मिला...
तू कर माँ बाप की सेवा ऐ SHAYAR ATTRI... बाकी बस
अपनी सांस से सांस मिला...

-अत्रि तिवारी

58. तू गुजरी इतने करीब से... गलती हो गई गरीब से...

तू गुजरी इतनी करीब से...
गलती हो गई गरीब से...
तेरी महक साथ में आ गयी...
आँगन में रखते ही कदम चारो ओर वो छा गई...

चेहरा बार बार उसका...
आंखो के सामने आ रहा है...
लगता है मेरा दिल हाथ इश्क का...
थामने जा रहा है...

ओए पागल रुक जा...
मैने बड़े किस्से सुन रखे है मोहब्बत के...
बड़ी बेरहमी से तोड़ते है दिलो को यहाँ...
बचेगा कुछ नही सिवाय इबादत के...

अंजाम जानते हुए भी...
ना जाने क्यूँ फिर भी दिल मान नही रहा...
सब कुछ पता है इश्क के बारे में...
फिर भी बना नादान ये कुछ जान नही रहा...

प्यार की बातें कुछ नही होती आजकल...
सबसे सुना है कहते मैने...
समंदर को अपना कहने वालो को...
देखा है किनारो के बहते मैने...

लगता है ख़ुदा खुद तेरे मेरे इश्क का...
पौधा सींच रहा है...
कितनी भी कोशिश कर लूँ मगर...
तेरा अहसास मुझे तेरी ओर खीच रहा है...

मुझमें कुछ भी...
नजर नही आ रहा मेरा है...
तू मेरी इस कदर हुई...
कि अब ये ATTRI सिर्फ तेरा है...

-अत्रि तिवारी

59. महफ़िल मैंने जमा दी है... आज तेरे नाम की...

(01) महफ़िल मैंने जमा दी है आज तेरे नाम की...
आ साथ बैठ और बन जा तू साथी हर शाम की ...

(02) महफ़िल जमा दी है आज तेरे नाम की...
#मिलने गया था उससे बात है कल शाम की... आजकल के लड़के जिस्म पर मरते हैं...
#जा bewaFa मैंने अपनी ज़िंदगी तेरे नाम की...

(03) महफ़िल मैंने जमा दी हैं. आज यहां तेरे नाम की...
लेकिन बातें सिर्फ अब यहां इश्क़ की हैं, जो हैं नहीं मेरे किसी काम की...

(04) महफ़िल जमा है आज तेरे नाम की... जिसने भी किया जिक्र तेरा...
मेने राधा बता दी श्याम की...

(05) महफिल मेंने सजा दी है यहां आज तेरे नाम की...
तेरे सब नायाब चीज़े है संग तेरे अमूल्य दाम की...

(06) महफ़िल मैंने जमा दि हैं यहां आज तेरे नाम की...
तेरी यादे हर दिन सताती हैं और महफिल सजती है मेरे जाम की...

(07) महफ़िल मैंने जमा दी है, यह आज तेरे नाम की...
आज वही शाम है, काल फिक्र थी तुझे जिस शाम की...

(08) महफ़िल मैने जमा दी है. यहां आज तेरे नाम की...
मै चांद और तुम चांदनी हो इस रात की...

(09) महफिल मैंने जमा दी है, यहाँ आज तेरे नाम की...
करनी है कुछ बातें तेरे संग प्यार की...

(08) महफिल मैनें जमा दी है, यहां तेरे नाम की...
आना तो तुझे पड़ेगा, क्योंकि बोतल बुलाई है जाम की...

(09) महफिल मैंने जमा दी है.. यहाँ आज तेरे नाम की...
अगर तूं नहीं है मेरे पास.. तो ये महफिल है किस काम की...

(10) महफ़िल मैने जमा दी है यहां, आज तेरे नाम की...
हुजूर अगर आप अ जाओ तो जोड़ी बन जाए राधा और श्याम की...

(11) महफ़िल मैंने जमा दी है यहां आज तेरे नाम की...
वो जो मेरी नाम की तूने तन्हाई थी किस काम की...

(12) महफ़िल मैने जमा दी हे आज यहा तेरे नाम की...
अब हकीकत मैं आ या यादों में ज़िक्र तेरा ही होगा...

(13) महफ़िल मैने जमा दी हे आज यहा तेरे नाम की...
कसम खुदा की शामत है आज तेरी आंखो के जाम की...

(14) महफ़िल मैने जमा दी हैं. यहां आज तेरे नाम की...
तू ना हो इस महफ़िल में तो यह शाम मेरे किस काम की...

(15) पसंद ना आया तुझे इजहार मेरा जो मैने उस शाम कीं...

इसलिये महफील मैंने जमा दि हैं यहा आज तेरे नाम कीं...

(16) महफ़िल मैने जमा दी हैं. यहां आज तेरे नाम की...
थोड़ा वक्त निकाल के आ ही जाना, वरना मोहब्बत किस काम की...

(17) महफ़िल मैने जमा दी है यहां आज तेरे नाम की...
तेरा आना तो लाजमी है क्युकी तू ही है Ronak मेरे इस शाम की...

(18) आज महफिल सजा दी है मैंने तेरे नाम की...
मैं जानता हूं तू फिकर ना कर अपने ईमान की...
आ जाना इस महफिल में शामिल होने को यह सजा दी है हमने अपने प्यार की... tum meri Nahin नहीं हुई मैं तेरा नहीं हुआ फिर नाराजगी किस बात की...
आज महफिल सजा दी है मैंने तेरे नाम की....

(19) महफिल मैने जमा दी है. यहा आज तेरे नाम की...
मै भी वही भी वही है, दर्द भी वही हैं, जरुरत है तो बस उस

नशीले जाम की...

(20) महफ़िल में ने जमा दी है, यहां आज तेरे नाम की...
तू वक़्त लेके आना. चाई पिएगे एक शाम की...

(21) महफ़िल में ने जमा दी है, यहां आज तेरे नाम की...
सवाल उठेंगे मेरी मोहब्बत पर और हदे पार होगी तेरे बदनामी की...

(22) महफ़िल मेने जमा दी है यहाँ आज तुम्हारे नाम की...
अब लोग तुम्हें बेवफा कहते हैं तो क्या परवाह मुझे अंजाम की...

(23) महफ़िल मेने जमा दी है. यहां आज तेरे नाम की...
आ बेठ ओर कर वाह वाह सुन कर चर्चे तेरे नाम की...
अब तो शराब भी मिलेगी, दुकान में आधे दाम की...

(24) महफ़िल मेने जमा दी है. यहां आज तेरे नाम की...
अब नही गुजरेगी ये रात बिना जाम की...

(25) महफिल मैंने जमा दी हैं यहा आज तेरे नाम की...
वरना तेरी बेवफाई किस काम कीं...

(26) महफ़िल मेने जमा दी है यहां आज तेरे नाम की..
तू आ बैठ इधर और देख क्या मोहब्बत की थी मेने कमाल की...

(27) महफ़िल मेने जमा दी है यहां आज तेरे नाम की...
तुम आके चार चांद लगा दो वरन् ये किस काम कि

(28) महफ़िल मेने जमा दी है यहां आज तेरे नाम की...
तेरे नाम के साथ मेरा नाम जोड़ दूंगी, कसम खाई है मैनें मेरे प्यार की.....

(29) उस वक़्त मुझे बहुत डर लगता है, जब कोई कहता है कि.. हम तुम्हारे हैं...

जो तुम नहीं मुक्कम्मल, फिर ये किस काम की...!!

(30) महफ़िल मैने जमा दी आज तेरे नाम की...
तू बेवफा निकली तो क्या ये महफ़िल वफा निभाएगी तेरी याद की...

(31) महफ़िल मैंने जमा दी है यहां आज तेरे नाम की...
तुझे आना ही होगा इस महफ़िल में बिन तेरे ये महफ़िल किस काम...

(32) महफिल मैने जमा दी है यहाँ आज तेरे नाम की...
जम कर गुजेंगी बेदर्द कलम आज तेरे इस शायर बदनाम की...

(33) महफिल मैने जमा दी है यहाँ आज तेरे नाम की...
जो गुजर गई वो तेरी थी जो बची है। वो तेरे नाम की...

-अत्रि तिवारी

60. पीरियड्स

एक लड़की पीरियड्स न जाने कितना दर्द सहती है...
छुपा कर अपना सारा दर्द वो ख़ुश रहती है ...

होती जब पीरियड्स में तो उसे घर के सारे कामों से दूर किया जाता है...
उसे घर में अकेले रहने पर मजबूर किया जाता है...

जब होती वो पीरियड्स में तो उसे मंदिर जाने से रोका जाता है...
उसको खाना बना ने पर घर वालो के द्वारा टोका जाता है...

उनकी सारी बातें समझने का दावा करने वाले उसके...
मूड़ को समझ नही पाते है...
उसकी तकलीफ़ को जाने बिना...
उसको खरी खोटी सुनाते हैं...

उसके कपड़ो पर देख कर खून के धब्बे...
लोग उसका मजाक बनाते है... जब लगे खुद को छोटी सी भी चोट तो इलाज़...
करवाने के लिए एक औरत के पास ही जाते है...

होते हैं उसे पीरियड्स... तभी वह एक जीवन को दुनिया में
लाती है...
लेकिन उसके दर्द को मामूली समझकर दुनिया
कैसे अनदेखा कर जाती है...

ना जाने एक औरत पूरी जिंदगी में कितना दर्द सहती है...
पर क्या इस बात की खबर कभी किसी को रहती है...
तुम्हें खुद को नही तुम्हारी सोच को बदलना है...
लड़कियों को पीरियड्स में भी साथ लेकर चलना है...

अब लड़कियों को पीरियड्स में खराब कपड़ा नहीं सेनेटरी पैड्स
दिलाना है...
हमें अपनी माँ-बहन-बेटी की सेफ्टी के लिए एक अच्छा कदम
उठाना है...
- अत्रि तिवारी

61. ज़िंदगी का सफ़र

कुछ छोड़ गए साथ...
कुछ ने पकड़ा हाथ...
मिलने बिछड़ने का हौंसला मिलता रहा...
बस ऐसे ही ज़िंदगी का सफ़र चलता रहा...!

नाप तोल कर सबने मोहब्बत की...
काम निकलने के बाद नफ़रत की...
खुद की तारीफ़ न करी कभी...
दूसरों की प्रशंसा में कसीदे पढ़ता रहा...
बस ऐसे ही ज़िंदगी का सफ़र चलता रहा...!

रख लिया स्वयं को अपने मन में ही...
बसा ली अपनी दुनिया अपने तन में ही... तकलीफें बढ़ती रही
फ़िर भी मैं हँसता रहा... बस ऐसे ही ज़िंदगी का सफ़र चलता
रहा...!

सबक जीवन का पढ़ रहा हूँ...
अपने आप से ही इश्क़ कर रहा हूँ...
अच्छे वक़्त में पैर बढ़ा दिए आगे...
बुरे वक्त में किसी की नहीं सुनी बातें...
कड़वी यादों से दूर हो गया...
मैं गीत मुस्कुराहट के गाता रहा...

बस ऐसे ही ज़िंदगी का सफ़र चलता रहा...!

- अत्रि तिवारी

62. मित्रता दिवस

हल्कि हल्कि बारिश में चाय की टपरी पर दोस्तों के साथ...
मैं - कानो में आज एक समाचार आया है।
सुना है दोस्तों का त्यौहार आया है...
सच में
सालो तूम पर भी कोई त्यौहार आता है...!!
फिर इस त्यौहार पर क्या मनाया जाता है। दोस्त- अबे साले
ओह! अच्छा दोस्तो की तारीफे होती...
सही है पर सालो तुम्हारी तारीफ़...
नही-नही यार पागल है...

दोस्त- (गुस्से में)

मैं- अच्छा, तो करु और ना करू तो...
दोस्त- अबे तेरी तो

मै- अच्छा मुंह तोड़ दोगे...
चलो ठीक तोड लियो...
पर सालो साथ तो नही छोड़ दोगे...

दोस्त - चल चल अब इमोशनल मत कर साले...
सुना कुछ अब यूँही शायर बन के लडकियो के दिल जीत रहा...
हमारे लिये भी बोल दिया कर कुछ तो कमीने...

मै- अरे रे ठीक है सुनाता हूँ...

पर यार क्या सुनाऊ जब भी दोस्ती के बारे में कुछ लिखने की सोचता हूँ तुम लोगो के साथ जो वक्त बिताया उसको सोचने लग जाता हूँ और फिर ख्यालो ही ख्यालो में इतना खो जाता हूँ की लिखना था कुछ ये भी याद नही रहता ।
ये ताकत है तुम लोगो की ।

फिर ख्यालो से निकलकर...
कलम चला ही दी मैने...
तुम लोगो का साथ मिला मुझे...
खुद को खुद ही बलाये दी मैने...!!

सच कहूंगा मुझे ज्यादा तो नही पता...
पर यकीन मानो दोस्ती बहुत जरुरी हैं...
तुम्हारे हर अहसास से जुड़ी है ये...
तुम्हारी जिंदगी की अहम कड़ी है ये...!!

ये ना होती तो शायद जिदगी तो होती...
मगर उस जिंदगी मैं जान नही होती...!!

और तुम लोग तो सालो...
यहाँ ❤? रहते हो यहाँ...
और जो इधर रहता है...
उसकी तारीफ करनी नही पडती...
हर बात में हो जाती हैं...!!

ये तुम दो चार हो तो...
जिदगी हसीन हो रखी है...
जिदगी एक अलग रंग में रहती है...
वरना क्या है अगर अहसास नहीं रहेगे...
तो ये सांसो के आवागमन में ही बहती है...!!

बलाये अगर आये गैरो की..
एक दुसरे की वापस मोड देना यार...
बडी मुश्किलों से तुम लोगो को पाया है मैने... भाई का कभी
साथ मत छोड देना यार...!!

साले क्या बोलू अब मै...
कलम भुल गयी है लिखना...
दोस्ती इतनी उपर उठ गयी है अल्फाजो से... मुश्किल स्याही हो
गयी है इसकी मिलना...!!

और आखिर मै इतना ही कहूंगा...
अहम हिस्सा हो तुम सब मेरी जिदगी का...
तुम छुट गये तो जिंदगी तो रहेगी...
मै उसमे आपका ये दोस्त मरा हुआ मिलेगा...!!

दोस्त - अबे साले शायर रुलायेगा क्या कमीने...
इधर आ (दोस्त गले लगाते हुए) हमारे चैम्पियन...
साले तू भी जिगर का टुकडा है हमारा कमीने तेरा साथ छोड़ने
का तो...
ख्याल ही मन में नही आता...

और फिर हँसी के साथ...
छोटू चाय ले आ आज की चाय दोस्ती के नाम...
आज के इस दोस्ती दिवस की सभी को हार्दिक शुभकामनाएं...
आपकी दोस्ती सलामत रहे❤?...

आपका शायर - -अत्रि तिवारी

63. दोस्त

रिश्ते बहुत होते हैं पर हर कोई दिल के करीब नहीं रहा करते हैं...
इस भीड़ भरी दुनिया में एक रिश्ता है जिसे दोस्ती कहा करते हैं...

घर पर कमबख्त हमेशा बेज्जती किया करते हैं...
साथ ना होने पर भी साथ है ये हर पल जताया करते हैं...

ये साले एक दूसरे के लिए जान देने के वादे किया करते है...
और मुसीबत आने पर कमीने भाग भी जाया करते हैं...

छिन कर खाना बेशरम खा लिया करते हैं...
पर अपनी जेब से एक रुपया ना निकला करते हैं...

पसंद आ जाए जब कोई तो उससे मिलाने के साज़िश भी खूब किया करते है...
कुछ ना जानते हुए भी प्यार का पंचनामा पढ़ाया करते हैं...

दिल टूट जाए अगर तो ये ही दोस्त बिन बात हँसाया करते हैं...
तू मेरा भाई नहीं है, मेरे लिए इतना नहीं कर सकता ये बोल बोल अपना सारा काम कराया करते हैं...

हर सुख दुख में खुशी खुशी साथ दिया करते हैं...
हार हो या जीत हर पल को खुल कर जिया करते हैं...

-अत्रि तिवारी

64. दोस्त से दोस्ती

दोस्त से दोस्ती न रही...

अब हल्की से मोहब्बत हो रही हैं...

कुछ समझ में नही आ रहा...

पगली से कैसे हो रही है...!!

शायद उसकी बातो का जादू है...

या मेरे ख्वाहिशें बेकाबू हैं...

उसकी आँखो का काजल उसके होठों की लाली...

बार बार देख कर भी, मुझको नींद नही आ रही है...

कुछ समझ नहीं पा रहा हूँ...

पगली से कैसे हो रही है...!!

उसका यूँ बात करते करते रूठ जाना...

मुझे ना आते हुए भी उसको मनाना...

उसकी मुस्कुराहट से मेरा दिल खिल जाना...

मुस्कुराकर वो ये शरारत बार बार किए जा रही है...!!

कह समझ नही पा रहा हूं मै ये एहसास...

सिर्फ मुझमें ही है या कुछ वो भी...

महसूस किए जा रही है...

कुछ समझ नही पा रहा हूँ...

पगली से कैसे हो रही है...!!

-अत्रि तिवारी

65. छठ पूजा

कला संगीत और तहजीब का त्यौहार छठ पूजा...!

दिलों में धड़कन में है छुपा इक प्यार छठ पूजा...!

करो तुम डूबते सूरज की भी पूजा सिखाए जो...!

हमारी है विरासत में यही श्रृंगार छठ पूजा...!

लबो पर एक तबस्सुम और घाटों पर सजे दीये...!

नदी के तट पे माँ के मांग का श्रृंगार छठ पूजा...!

के अपनेपन की खुशबू से महक जाए फिजा सारी...!

तभी है ठेकुओं के स्वाद त्यौहार छठ पूजा ...!

कि गीतो के बिना कैसे मनें त्यौहार ये यही हैं का सार अपना...!

शारदा जी के स्वरों छठ पूजा...!

-अत्रि तिवारी

66. ये कैसे दोस्त है?

ये कैसे दोस्त है?
जो ये बोलते हैं कि तुम बदल गए हो...
लेकिन ये कोई नहीं बोलता...
की तुम में ये जो बदलाव आया है...
अच्छा है लेकिन...
इस बदलाव की वजह क्या है?

ये कैसे दोस्त है?
जो मेरे अल्फाजों समझते हैं...
ना कि मेरी ख़ामोशियों को...
लेकिन मुझे तो ऐसा दोस्त चाहिए...
जो मेरे अल्फ़ाज़ से ज्यादा...
मेरी ख़ामोशी को समझे...

ये कैसे दोस्त है?...
जो मुझे तो ये बोलते हैं कि...
हम हर वक़्त तेरे साथ है...
पर फिर मुझे मेरे बुरे हालातों में...
उनको मेरे साथ रहने के लिए...
कहना पड़ता है...

ये कैसे दोस्त है?...
जिसने मेरे साथ...
तब छोड़ा जब...
मैं आख़िरी मुकाम पर था...

-अत्रि तिवारी

67.किसान

सड़कों पर तिरपाल बिछाए बैठा वृद्‌ध किसान है...
बस चाहे तो अपनी मांगे वो एक साधारण सा इंसान है...

लोग फायदा उठा जगत में उगते गेहूं धान है...
खेतों में उस अन्न की खातिर पिसता रोज किसान है...

मेहनत का कुछ पल मिले बेबस है वो अनजान है...
राजनीति के चंगुल में फंसता वही किसान है...

सर्द हवाएँ काल रुप बन हरते उसके प्राण है...
मत खींचो धीरज की सीमा वो भी एक इन्सान है...

-अत्रि तिवारी

Thanks

Thanks,

धन्यवाद ,

www.ingramcontent.com/pod-product-compliance
Lightning Source LLC
LaVergne TN
LVHW040431051026
849517LV00002B/559

* 9 7 9 8 8 8 8 0 5 5 6 1 8 *